Anna Matershev | Lena Kruglova

Traditionelle russische Küche

100 Rezepte von Borsch bis Pelmeni

riva

Inhalt

Supy – Suppen . . . 59

Glawnyje Bljuda – Hauptspeisen . . . 81

Vorwort und Danksagung

Liebe Liebhaber der russischen Küche und alle, die es noch werden möchten: Wir heißen euch ganz herzlich auf der kulinarischen Reise nach Russland willkommen.

Bevor unsere Reise startet, möchten wir uns aus tiefstem Herzen bei unserer Familie bedanken. Vielen Dank, dass ihr uns seit Kindertagen mit dem leckeren russischen Essen verwöhnt und eure Rezepte an uns weitergegeben habt!

Wir lieben euch,
Lena und Anna

Warum wir die russische Küche lieben …

Die russische Küche hat eine Vielzahl an alltagstauglichen Gerichten zu bieten, die ohne viel Schnickschnack auskommen. Mit diesem Buch möchten wir euch unsere Lieblingsrezepte an die Hand geben und euch Seite für Seite auf die kulinarische Reise nach Russland mitnehmen.

Wir sind in Russland aufgewachsen und mit elf Jahren als sogenannte »Spätaussiedler« mit unserer Familie nach Deutschland gekommen. Auch nach mittlerweile 20 Jahren in Deutschland fühlen wir uns weiterhin mit Russland, und vor allem mit der russischen Küche, verbunden.

Die Gastfreundschaft und vor allem viel Essen haben in Russland sehr hohe Priorität.

Selbst wenn man nur zum »Tee« eingeladen wird, darf man sich grundsätzlich auf einen reichlich gedeckten Tisch einstellen. Es gilt nämlich als äußerst unhöflich, seine Gäste hungrig vom Tisch aufstehen zu lassen. Die Gastgeber bieten einem so lange Essen an, bis einem das Atmen schwerfällt. Erst dann sind sie zufrieden.

Bei richtigen Feiern bricht der Tisch dann vor Essen regelrecht zusammen, weil es in Russland nicht üblich ist, die Gänge nach und nach auf den Tisch zu stellen. Die zahlreichen Vor- und Hauptspeisen kommen gleichzeitig auf den Tisch.

Das Essen wird auch schon Tage im Voraus zubereitet. Als Kinder mussten wir uns mit dem Probieren der leckeren Gerichte immer gedulden. »Eto dlja gostej« (»das ist für die Gäste«) hieß es oft seitens unserer Mama.

Im Übrigen ist zu erwähnen, dass einige der heute als traditionell russisch bekannten Gerichte, wie zum Beispiel Manty oder Schaschlik, ihren Ursprung überhaupt nicht in Russland hatten. Sie stammen vielmehr aus den Ländern der ehemaligen Sowjetunion, vor allem aus den zentralasiatischen und kaukasischen Republiken.

In diesem Sinne: »Prijatnogo appetita« (guten Appetit)!

Zawtrak – Frühstück

Baton – Russisches Weizenbrot

Für einen Brotlaib
2 Std. 20 Min.

300 ml Milch
½ Würfel Hefe
1 EL Zucker
500 g Mehl + etwas mehr für die Arbeitsfläche
2 TL Salz
40 g Sonnenblumenöl
1 Eigelb
2 EL Milch

1. Milch in der Mikrowelle oder einem kleinen Topf auf Körpertemperatur erwärmen (ca. 37 °C). Hefe und Zucker darin auflösen.
2. Mehl und Salz in einer großen Schüssel mischen, in der Mitte eine Mulde formen, Hefemischung zugießen und mit Mehl verrühren.
3. Sonnenblumenöl hinzugeben und zu einem geschmeidigen Teig verkneten.
4. Teig in eine große Schüssel geben und abgedeckt an einem warmen Ort ca. 1 Stunde gehen lassen, bis sich sein Volumen verdoppelt hat.
5. Teig auf einer leicht bemehlten Arbeitsfläche rechteckig (ca. 3 cm dick) ausrollen, Teigplatte von der Längsseite her fest aufrollen und zu einem länglichen Laib formen.
6. Backblech mit Backpapier auslegen. Laib auf das Backblech legen, mit einem feuchten Geschirrtuch abdecken und weitere 30 Minuten gehen lassen.
7. Währenddessen Backofen auf 200 °C Ober-/Unterhitze (Umluft 180 °C) vorheizen.
8. Laib mit einem scharfen Messer mehrmals schräg einschneiden.
9. Eigelb mit Milch verquirlen, Baton damit bestreichen und ca. 30 Minuten goldbraun backen.

Bliny – Russische Pfannkuchen

Für 2–3 Portionen
ca. 40 Min.

350 ml Milch
150 ml Mineralwasser mit Kohlensäure
2 Eier
1 EL Zucker
½ TL Salz
1 TL Backpulver
180 g Mehl
2 EL Öl + etwas mehr zum Braten

1. Milch, Mineralwasser, Eier, Zucker und Salz in einer großen Schüssel mit einem Schneebesen verrühren.
2. Mehl zusammen mit Backpulver in die Schüssel durchsieben und mit einem Schneebesen verrühren.
3. Öl hinzugeben und mit einem Schneebesen verrühren.
4. Teig ca. 10 Minuten quellen lassen.
5. Währenddessen die Pfanne mit etwas Öl bepinseln und bei mittlerer Hitze erwärmen.
6. Eine kleine Schöpfkelle voll Teig in die Pfanne gießen, die Pfanne schwenken und den Pfannkuchen von beiden Seiten backen, bis er goldgelb ist. So verfahren, bis der Teig aufgebraucht ist.

Tipp:

Eine beschichtete Pfanne muss nur vor dem Backen des ersten Pfannkuchens mit Öl bepinselt werden.

Bliny mit Marmelade, Schmand mit Zucker oder gezuckerter Kondensmilch servieren.

Ihr könnt Bliny auch mit angebratenem Hackfleisch oder angebratenen Pilzen füllen.

Oladuschki – Fluffige Eierkuchen

Für 2–3 Portionen
ca. 40 Min.

500 g Kefir
(alternativ: Buttermilch)
2 EL Zucker
1 Ei
½ TL Salz
350 g Mehl
2 TL Backpulver
Öl zum Braten

1. Kefir in der Mikrowelle oder in einem kleinen Topf auf Körpertemperatur (37 °C) erwärmen und in eine große Schüssel geben.
2. Zucker, Ei und Salz hinzugeben. Mehl zusammen mit Backpulver in die Schüssel durchsieben und mit einem Mixer vermischen.
3. Teig ca. 10 Minuten quellen lassen.
4. Währenddessen etwas Öl in die Pfanne geben (Ölstand ca. 0,5 cm) und bei mittlerer Hitze erwärmen.
5. Teig esslöffelweise in die Pfanne geben, Oladuschki von beiden Seiten backen, bis sie goldgelb sind und auf einem Stück Küchenpapier abtropfen lassen.

Tipp:

Oladuschki mit Marmelade, Schmand mit Zucker oder gezuckerter Kondensmilch servieren.

Syrniki – Russische Quarkpuffer

Für 2 Portionen
ca. 25 Min.

80 g Zucker
1 Pk. Vanillezucker
1 Ei
1 Prise Salz
2 Pk. Russischer Tworog à 275 g (russischer Frischkäse)
5 gehäufte EL Mehl + etwas mehr zum Panieren
Öl zum Braten

1. Zucker, Vanillezucker, Ei und Salz in einer Schüssel mit einer Gabel vermischen.
2. Russischen Tworog hinzugeben und mit einer Gabel vermischen.
3. Mehl hinzugeben und mit einer Gabel vermischen.
4. Zum Panieren auf einen Teller 2–3 EL Mehl geben.
5. Aus der Quarkmasse mit einem Esslöffel Portionen abstechen, zu einer Kugel formen, leicht plattdrücken und von beiden Seiten mit etwas Mehl panieren.
6. Etwas Öl in die Pfanne geben, bei mittlerer Hitze erwärmen, Syrniki von beiden Seiten backen, bis sie goldgelb sind und auf einem Stück Küchenpapier abtropfen lassen.

Tipp:

Syrniki mit Marmelade, Schmand mit Zucker oder gezuckerter Kondensmilch servieren.

Syrniki kann man auch aus Schichtkäse oder körnigem Frischkäse zubereiten. Dafür muss jedoch die Mehlmenge erhöht werden.

Sapekanka – Quarkauflauf

Für 2–3 Portionen
ca. 40 Min.

3 Eier, getrennt
1 Prise Salz
500 g Magerquark
110 g Zucker
1 Pk. Vanillezucker
60 g Grieß
2 TL Backpulver
Butter für die Auflaufform

1. Backofen auf 175 °C Ober-/Unterhitze vorheizen (Umluft 155 °C) und eine mittlere Auflaufform fetten.
2. Eiweiße mit einer Prise Salz in einer Rührschüssel mit dem Mixer steif schlagen.
3. Eigelbe, Magerquark, Zucker, Vanillezucker, Grieß und Backpulver in einer weiteren Rührschüssel mit dem Mixer verrühren.
4. Die steif geschlagenen Eiweiße mit einem Spatel unter die Quarkmasse heben und in die vorbereitete Auflaufform füllen.
5. Sapekanka ca. 30 Minuten backen, bis sie goldgelb ist.

Schokoladnoje maslo – Schokobutter

Für 6–8 Portionen
ca. 5 Min. +
2 Std. Kühlzeit

25 g Zartbitterschokolade
200 g Butter
(Zimmertemperatur)
40 g Puderzucker
4 EL Backkakao

1. Schokolade auf einer Reibe fein raspeln und in eine Schüssel geben. Restliche Zutaten hinzugeben und vermischen.
2. Eine kleine Dose mit Frischhaltefolie auslegen, Schokobutter hineingeben und für ca. 2 Stunden in den Kühlschrank stellen.

Tipp:
Schokobutter im Kühlschrank aufbewahren.

Gretschnewaja Kascha – Buchweizenbrei

Für 3–4 Portionen
ca. 35 Min.

250 g Buchweizen (geröstet)
500 ml Wasser
1 TL Salz
300–500 ml Milch
Zucker nach Geschmack

1. Buchweizen in einem Sieb unter fließendem warmem Wasser abspülen.
2. Buchweizen, Wasser und Salz in einen Topf geben und bei starker Hitze aufkochen. Sobald das Wasser kocht, die Hitze auf eine niedrige Stufe reduzieren.
3. Buchweizen zugedeckt so lange köcheln, bis er das ganze Wasser aufgenommen hat. Das dauert ca. 20 Minuten.
4. Buchweizen in die Teller verteilen und Milch und Zucker zugeben.

Tipp:

Buchweizen ist aus der russischen Küche, zum Beispiel als Beilage zum Fleisch, nicht wegzudenken. Dafür einfach die Milch weglassen und ca. 50 g Butter hinzugeben.

Pschonaja Kascha – Hirsebrei

Für 3 Portionen
ca. 40 Min.

200 g Hirse
400 ml Wasser
1 TL Salz
600 ml Milch
Zucker nach Geschmack
50 g Butter

1. Hirse in einem Sieb unter fließendem warmen Wasser abspülen.
2. Hirse, Wasser und Salz in einen Topf geben und bei starker Hitze aufkochen. Sobald das Wasser kocht, die Hitze auf eine niedrige Stufe reduzieren.
3. Hirse zugedeckt so lange köcheln, bis sie das ganze Wasser aufgenommen hat. Das dauert ca. 20 Minuten.
4. Milch hinzugeben und ca. 15 Minuten auf einer niedrigen Stufe weiter ohne Deckel kochen.
5. Hirse in die Teller verteilen, mit Zucker süßen und mit einem Stück Butter garnieren.

Sakuski – Salate und Snacks

Salat iz swekly – Rote-Bete-Salat mit Knoblauch

Für eine kleine Salatschüssel
ca. 10 Min.

50 g Walnüsse
500 g gekochte Rote Bete
2–3 Knoblauchzehen
2 EL Mayonnaise
½ TL Salz

1. Walnüsse mit einem Messer grob hacken.
2. Rote Bete auf einer Reibe fein raspeln und in eine Schüssel geben.
3. Knoblauchzehen schälen und in die Schüssel pressen.
4. Die gehackten Walnüsse in die Schüssel hinzugeben.
5. Mayonnaise und Salz hinzugeben und gut vermischen.

Tipp:

Ihr könnt diesen Salat auch als Brotaufstrich verwenden.

Olivier – Russischer Wintersalat

Für eine große Salatschüssel
ca. 50 Min. + ca. 2 Std. Kühlzeit

150 g Karotten
250 g festkochende Kartoffeln
5 Eier
500 g Fleischwurst (z. B. Geflügelwurst)
150 g Cornichons
½ Bund Lauchzwiebeln
200 g Erbsen (aus der Dose, abgetropft)
200 g Crème fraîche (alternativ: Mayonnaise)
Salz und Pfeffer nach Geschmack

1. Karotten und Kartoffeln mit Schale in gesalzenem Wasser gar kochen, abkühlen lassen und schälen. Eier hart kochen, mit kaltem Wasser abschrecken und schälen.
2. Kartoffeln, Karotten, Eier und Fleischwurst in kleine Würfel schneiden und in eine große Salatschüssel umfüllen.
3. Cornichons in dünne Scheiben und Lauchzwiebeln in dünne Ringe schneiden und in die Salatschüssel hinzugeben.
4. Restliche Zutaten in die Salatschüssel hinzugeben, gut vermischen und Olivier für ca. 2 Stunden kalt stellen.

Tipp:

Olivier wird traditionell mit Mayonnaise zubereitet.

Er lässt sich super am Vortag zubereiten. Dafür am besten die Crème fraîche beziehungsweise Mayonnaise zunächst weglassen und am nächsten Tag unterziehen.

Ihr könnt auch gleich eine Dose mit Erbsen und Karotten kaufen.

Seledka pod schuboj – Heringssalat »Hering im Wintermantel«

Für 5–6 Portionen
ca. 50 Min. +
ca. 1 Std. Kühlzeit

250 g Karotten
500 g festkochende Kartoffeln
5 Eier
300 g gekochte Rote Bete
100 g Zwiebeln
100 ml heißes Wasser
300 g Heringsfilet
150 g Mayonnaise
Salz und Pfeffer nach Geschmack

Tipp:
Ihr könnt den Schichtsalat in einem Tortenring schichten.

1. Karotten und Kartoffeln mit Schale in gesalzenem Wasser gar kochen, abkühlen lassen und schälen. Eier hart kochen, mit kaltem Wasser abschrecken und schälen.
2. Karotten, Kartoffeln, Eier und Rote Bete auf jeweils einen Teller mit einer Reibe grob raspeln.
3. Zwiebeln schälen und in kleine Würfel schneiden, mit heißem Wasser übergießen, ca. 5 Minuten ziehen lassen und dann in einem Sieb abgießen.
4. Heringsfilet in kleine Würfel schneiden.
5. Salat auf einem flachen Salatteller wie folgt schichten:
   - Die Hälfte der Kartoffeln leicht an den Tellerboden drücken,
   - Hering,
   - Zwiebeln,
   - die zweite Hälfte der Kartoffeln,
   - ca. 2 EL Mayonnaise, Salz und Pfeffer nach Geschmack,
   - Karotten,
   - ca. 2 EL Mayonnaise, Salz und Pfeffer nach Geschmack,
   - Eier,
   - ca. 2 EL Mayonnaise, Salz und Pfeffer nach Geschmack,
   - Rote Bete,
   - ca. 2 EL Mayonnaise, Salz und Pfeffer nach Geschmack.
6. Seledka pod schuboj für ca. 1 Stunde kalt stellen.

Mimosa – Schichtsalat mit Thunfisch

Für eine Salatschüssel
ca. 50 Min. +
ca. 1 Std. Kühlzeit

200 g Karotten
300 g festkochende Kartoffeln
4 Eier
150 g Gouda
200 g Thunfisch (aus der Dose, in Öl)
150 g Mayonnaise
Salz und Pfeffer nach Geschmack
Petersilie zum Garnieren (optional)

1. Karotten und Kartoffeln mit Schale in gesalzenem Wasser gar kochen, abkühlen lassen und schälen. Eier hart kochen und mit kaltem Wasser abschrecken.
2. Karotten, Kartoffeln und Gouda auf jeweils einen Teller mit einer Reibe grob raspeln.
3. Eier schälen, in Eiweiße und Eigelbe trennen und auf jeweils einen Teller mit einer Reibe fein raspeln.
4. Öl aus der Thunfischdose abgießen.
5. Salat in einer Salatschüssel wie folgt schichten:
   - Thunfisch mit einer Gabel auf den Boden drücken, 1–2 EL Mayonnaise, Salz und Pfeffer nach Geschmack,
   - Eiweiße, 1–2 EL Mayonnaise, Salz und Pfeffer nach Geschmack,
   - Karotten, 1–2 EL Mayonnaise, Salz und Pfeffer nach Geschmack,
   - Kartoffeln, 1–2 EL Mayonnaise, Salz und Pfeffer nach Geschmack,
   - Gouda, 1–2 EL Mayonnaise, Salz und Pfeffer nach Geschmack,
   - Eigelbe.
6. Mimosa für ca. 1 Stunde kalt stellen.

Vinegret – Rote-Bete-Salat

Für eine Salatschüssel
ca. 50 Min. +
ca. 1 Std. Kühlzeit

150 g Karotten
250 g festkochende Kartoffeln
300 g gekochte Rote Bete
60 g Lauchzwiebeln
150 g Cornichons
150 g Erbsen (aus der Dose, abgetropft)
150 g Sauerkraut (z. B. aus dem russischen Laden)
60 g Öl
1 TL Weißweinessig
Salz und Pfeffer nach Geschmack

1. Karotten und Kartoffeln mit Schale in gesalzenem Wasser gar kochen, abkühlen lassen und schälen.
2. Kartoffeln und Rote Bete in ca. 1 × 1 cm große Würfel schneiden und in eine große Salatschüssel umfüllen.
3. Karotten und Cornichons in dünne Scheiben und Lauchzwiebeln in dünne Ringe schneiden und in die Salatschüssel hinzugeben.
4. Restliche Zutaten in die Salatschüssel hinzugeben und gut vermischen.
5. Vinegret für ca. 1 Stunde kalt stellen.

Tipp:

Wenn ihr dicke Karotten benutzt, dann halbiert sie zuerst der Länge nach und schneidet sie in Halbkreise.

Granatowyj braslet – Granatapfel-Schichtsalat

Für 6–8 Portionen
ca. 1 Std. +
ca. 1 Std. Kühlzeit

300 g Hähnchenbrustfilets
200 g Karotten
250 g festkochende Kartoffeln
3 Eier
500 g gekochte Rote Bete
50 g Walnüsse
1 Knoblauchzehe
200 g Mayonnaise
80 g Zwiebeln
2 EL Sonnenblumenöl + etwas mehr zum Einfetten
1 großer Granatapfel
Salz und Pfeffer nach Geschmack

1. Hähnchenbrustfilets in gesalzenem Wasser gar kochen, abkühlen lassen und in kleine Würfel schneiden.
2. Karotten und Kartoffeln mit Schale in gesalzenem Wasser gar kochen, abkühlen lassen und schälen. Eier hart kochen, mit kaltem Wasser abschrecken und schälen.
3. Karotten, Kartoffeln, Eier und Rote Bete auf jeweils einen Teller mit einer Reibe grob raspeln.
4. Walnüsse mit einem Messer klein hacken.
5. Knoblauchzehe schälen, in die Mayonnaise pressen und vermischen.
6. Zwiebeln schälen und in keine Würfel schneiden. Sonnenblumenöl in die Pfanne geben. Zwiebeln glasig dünsten. Hähnchenbrustfilets hinzugeben und kurz mit anbraten.
7. Granatapfel entkernen.
8. Ein Glas mit etwas Öl fetten, in die Mitte des Salattellers stellen und Salat um das Glas herum wie folgt schichten:
   - Kartoffeln, ca. 1–2 EL Mayonnaise, Salz und Pfeffer nach Geschmack,
   - die Hälfte der Roten Bete, ca. 1–2 EL Mayonnaise, Salz und Pfeffer nach Geschmack,
   - Karotten, ca. 1–2 EL Mayonnaise, Salz und Pfeffer nach Geschmack,
   - Walnüsse,
   - die Hälfte der Hähnchenbrustfilets, ca. 1–2 EL Mayonnaise, Salz und Pfeffer nach Geschmack,

- Eier, ca. 1–2 EL Mayonnaise, Salz und Pfeffer nach Geschmack,
- die andere Hälfte der Hähnchenbrustfilets, ca. 1–2 EL Mayonnaise, Salz und Pfeffer nach Geschmack,
- die andere Hälfte der Roten Bete, ca. 1–2 EL Mayonnaise, Salz und Pfeffer nach Geschmack,
- Granatapfel-Kerne.

9. Granatowyj braslet für ca. 1 Stunde kalt stellen.

Tipp:

Ihr könnt den Schichtsalat auch in einem Tortenring schichten.

Funchosa – Glasnudelsalat

Für 6–8 Portionen
ca. 1 Std. +
ca. 4 Std. Kühlzeit

400 g Hähnchenbrustfilets
200 g rote Paprikaschoten
200 g Karotten
200 g Zucchini
80 g Zwiebeln
10 EL Sonnenblumenöl (aufgeteilt)
2 EL Sojasoße
Vegeta nach Geschmack (alternativ: Gemüsebrühenpulver)
100 g Glasnudeln
1 Knoblauchzehe
Salz und Pfeffer nach Geschmack

1. Hähnchenbrustfilets in dünne Streifen à 1 × 3 cm schneiden.
2. Paprikaschoten putzen und zusammen mit Karotten und Zucchini in dünne Stifte schneiden. Zwiebeln schälen und in dünne Streifen schneiden.
3. 2 EL Sonnenblumenöl und die Sojasoße in die Pfanne geben, Hähnchen scharf anbraten und in eine große Schüssel umfüllen.
4. Je 2 EL Sonnenblumenöl in die Pfanne geben, Gemüse nacheinander einzeln bissfest anbraten, mit Vegeta würzen und in die Schüssel hinzugeben.
5. Glasnudeln nach Packungsbeilage zubereiten, mit einer Schere klein schneiden und in die Schüssel hinzugeben.
6. Knoblauchzehe schälen und in die Schüssel pressen, gut vermischen und mit Salz und Pfeffer abschmecken.
7. Funchosa für ca. 4 Stunden kalt stellen.

Tipp:

Funchosa am besten über Nacht ziehen lassen. Anstelle von frischem Knoblauch könnt ihr Knoblauchpulver benutzen.

carrot

Morkow po korejski – Scharfer Karottensalat

Für 6 Portionen
ca. 50 Min. +
ca. 2 Std. Kühlzeit

1 kg Karotten
1-2 TL Salz
1 TL Zucker
2 TL Paprikapulver (rosenscharf)
Chilipulver nach Geschmack
Pfeffer nach Geschmack
250 g Zwiebeln
90 g Sonnenblumenöl
1 TL Essigessenz (70 %)
2-3 Knoblauchzehen

Zubehör:
Julienne-Reibe

1. Karotten auf einer Julienne-Reibe raspeln und in eine große Schüssel geben. Jeweils 1 TL Salz und Zucker hinzugeben, vermischen und ca. 20 Minuten ziehen lassen.
2. Gewürze in die Mitte der Schüssel auf die Karotten geben.
3. Zwiebeln schälen und in große Stücke schneiden. Sonnenblumenöl in die Pfanne geben. Zwiebeln goldbraun andünsten.
4. Heißes Sonnenblumenöl durch ein Sieb (d. h. ohne Zwiebeln) in die Mitte der Schüssel auf die Gewürze gießen. Essig hinzugeben. Knoblauchzehen schälen, in die Schüssel pressen und gut vermischen.
5. Morkow po korejski für ca. 2 Stunden kalt stellen.

Kabatschkowaja ikra – Zucchini-Brotaufstrich

Für ein großes Schraubglas
ca. 1 Std. 30 Min.

500 g Zucchini
120 g Karotten
120 g rote Paprikaschoten
100 g Zwiebeln
50 g Sonnenblumenöl (aufgeteilt)
1–2 Knoblauchzehen
2 EL Tomatenmark
1 TL Zucker
Salz und Pfeffer nach Geschmack
1 EL Weißweinessig

Zubehör:
Blender

1. Zucchini, Karotten und Paprikaschoten putzen und in grobe Stücke schneiden und in einem Blender pürieren.
2. Zwiebeln schälen und in feine Würfel schneiden. 1 EL Sonnenblumenöl in die Pfanne geben. Zwiebeln glasig andünsten.
3. Gemüsepüree und restliches Sonnenblumenöl hinzugeben, vermischen und ca. 40 Minuten bei niedriger Hitze dünsten.
4. Knoblauchzehen schälen und in die Pfanne pressen. Tomatenmark, Salz und Pfeffer hinzugeben und weitere 20 Minuten bei niedriger Hitze dünsten.
5. Weißweinessig hinzugeben und gut verrühren.
6. Ikra in ein Schraubglas füllen, abkühlen lassen und im Kühlschrank aufbewahren.

Oladuschki s ikroj – Eierkuchen mit Kaviar

Für ca. 30 Stück
ca. 1 Std. 30 Min.

Für die Oladuschki:
500 ml Milch
1 Würfel Hefe
2 EL Zucker
1 Ei
1 TL Salz
480 g Mehl
5 EL Sonnenblumenöl
+ etwas mehr zum Braten

Zusätzlich:
200 g Sauerrahm
ca. 75 g Kaviar

1. Milch in der Mikrowelle oder einem kleinen Topf auf Körpertemperatur erwärmen (ca. 37 °C). Hefe und Zucker darin auflösen. In eine große Schüssel umfüllen.
2. Restliche Zutaten für die Oladuschki hinzugeben und mit einem Schneebesen vermischen.
3. Teig abgedeckt an einem warmen Ort ca. 45 Minuten gehen lassen, bis sich sein Volumen verdoppelt hat.
4. Etwas Öl in die Pfanne geben und bei mittlerer Hitze erwärmen.
5. Teig esslöffelweise in die Pfanne gießen, Oladuschki von beiden Seiten backen, bis sie goldgelb sind und auf einem Stück Küchenpapier abtropfen lassen.
6. 1–2 TL Sauerrahm auf jedem Oladuschek verteilen und mit etwas Kaviar garnieren.

Malosolnyje ogurzy – Eingelegte Gurken

Für 5–6 Portionen
ca. 20 Min. +
ca. 15 Std. Kühlzeit

1 kg kleine Gurken (z. B. Snackgurken)
3–4 Knoblauchzehen
1 Bund Dill
1 l Mineralwasser mit Kohlensäure
2–3 EL Salz

Zubehör:
Verschließbare Dose

1. Gurkenenden abschneiden. Knoblauchzehen schälen und in Scheiben schneiden. Dill in große Stücke schneiden.
2. Die Hälfte der Gurken in eine Dose dicht an dicht legen. Jeweils die Hälfte des Knoblauchs und des Dills darauf verteilen.
3. Die andere Hälfte der Gurken darüber legen. Den restlichen Knoblauch und Dill darauf verteilen.
4. Salz und Mineralwasser in einem Behältnis vermischen und über die Gurken geben.
5. Dose verschließen und über die Nacht in den Kühlschrank geben.

Tipp:

Malosolnyje ogurzy werden traditionell zum Wodka gereicht.

Farschirowannyje jaiza – Russische Eier

Für 16 Ei-Hälften
ca. 25 Min.

8 Eier
80 g Riga-Sprotten (in Öl, abgetropft)
½ TL Salz
½ TL Pfeffer
Petersilie zum Garnieren

1. Eier hart kochen, mit kaltem Wasser abschrecken und schälen.
2. Abgekühlte Eier vorsichtig in Hälften schneiden, mit einem Teelöffel Eigelbe herausnehmen und zur Seite stellen.
3. Eigelbe, Sprotten, Salz und Pfeffer in einer kleinen Schüssel mit einer Gabel vermischen.
4. Ei-Hälften mit der Masse befüllen und mit Petersilie garnieren.

Tipp:
Ihr könnt die Füllung auch in eine Spritztüte geben.

Muhomory – Fliegenpilze

Für 24 Stück
ca. 30 Min.

3 Eier
100 g Kochschinken
150 g Käse (z. B. Gouda)
1 Knoblauchzehe
1–2 EL Mayonnaise + etwas mehr zum Garnieren
Salz und Pfeffer nach Geschmack
12 Cocktail-Rispentomaten
1 Salatgurke
Etwas Salatblätter zum Garnieren

1. Eier hart kochen und mit kaltem Wasser abschrecken. Eier schälen, auf einer Reibe fein raspeln und in eine Schüssel geben.
2. Kochschinken in kleine Würfel schneiden und in die Schüssel hinzugeben. Käse auf einer Reibe fein raspeln und in die Schüssel hinzugeben.
3. Knoblauchzehe schälen und in die Schüssel pressen. Mayonnaise hinzugeben, alles gut vermischen und mit Salz und Pfeffer abschmecken.
4. Cocktail-Rispentomaten in Hälften schneiden. Salatgurke in ca. 0,5 cm dicke Scheiben schneiden.
5. Aus der Eier-Mischung 24 kleine Zylinder formen (Pilzstiel).
6. Salatblätter auf einem Servierteller verteilen. Auf jede Gurkenscheibe einen Zylinder stellen und eine Tomatenhälfte darauf setzen.
7. Mit einem Zahnstocher Punkte aus der Mayonnaise auf die Tomaten setzen.

Buterbrody so sprotami – Baguette mit Sprotten

Für 12–15 Scheiben
ca. 25 Min.

3 Eier
1 Baguette
50 g Butter (Zimmertemperatur)
3 mittlere Gewürzgurken
1 Dose Riga-Sprotten à 160 g (in Öl)

1. Eier hart kochen, mit kaltem Wasser abschrecken, schälen und anschließend mit einem Eierschneider in dünne Scheiben schneiden.
2. Baguette in ca. 1 cm dicke Scheiben schneiden.
3. Gewürzgurken in dünne Scheiben schneiden.
4. Auf jede Baguettescheibe etwas Butter schmieren und jeweils mit einer Scheibe Gurke, einer Scheibe Ei und 1–2 Sprotten belegen.

Tipp:

Wer es knuspriger mag, kann die Baguettescheiben im Toaster rösten.

Ogonek – Scharfe Tomatensoße

Für ca. 300 ml
ca. 2 Min.

30 g Meerrettich (in Stücken)
1–2 Knoblauchzehen
½ Chilischote
125 g rote Paprikaschoten
125 g Tomaten
1 TL Salz

Zubehör:
Blender

1. Meerrettich und Knoblauchzehen schälen, Paprikaschoten, Chilischoten und Tomaten in Stücke schneiden.
2. Alle Zutaten in einem Blender zu einer gleichmäßigen Masse pürieren.
3. Ogonek in ein Schraubglas füllen und im Kühlschrank aufbewahren.

Supy – Suppen

Borsch – Berühmte russische Kohlsuppe

Für ca. 5–6 Portionen
ca. 2 Std.

500 g Suppenfleisch, Rind
3 l Wasser
5 Pfefferkörner
2 große Zwiebeln (aufgeteilt)
3–4 getrocknete Lorbeerblätter
400 g festkochende Kartoffeln
250 g Weißkohl
250 g rohe Rote Bete
150 g Karotten
100 g rote Paprikaschoten
40 g Öl
200 g passierte Tomaten
1 TL Essig
Salz und Pfeffer nach Geschmack
Schmand/saure Sahne zum Servieren
Petersilie zum Garnieren

1. Suppenfleisch unter fließendem Wasser abwaschen und mit einem Stück Küchenpapier trockentupfen.
2. Wasser und Fleisch in einem großen Topf zum Kochen bringen, ca. 5 Minuten weiter kochen und den Schaum abschöpfen.
3. Eine Zwiebel, Lorbeerblätter und Pfefferkörner hinzugeben und bei niedriger Hitze ca. 1–1,5 Stunden kochen. Nach ca. 45 Minuten 1 gehäuften TL Salz hinzugeben. Schaum gegebenenfalls abschöpfen.
4. Währenddessen Kartoffeln schälen und in mundgerechte Stücke schneiden. Weißkohl in dünne Streifen schneiden. Rote Bete auf einer Reibe grob raspeln. Karotten auf einer Reibe fein raspeln. Paprikaschoten putzen, die zweite Zwiebel schälen und alles in kleine Würfel schneiden.
5. Ausgekochte Zwiebel und Fleisch aus dem Topf nehmen. Zwiebel entsorgen. Etwas mehr Wasser in den Topf geben, falls notwendig.
6. Kartoffeln und Weißkohl in den Topf hinzugeben.
7. Öl in die Pfanne geben. Zwiebeln glasig dünsten. Karotten und Rote Bete in die Pfanne hinzugeben und ca. 5 Minuten mit anbraten. Passierte Tomaten hinzugeben und weitere 10 Minuten dünsten.
8. Währenddessen Fleisch in mundgerechte Stücke schneiden.

9. Gedünstetes Gemüse, Fleisch und Essig in den Topf hinzugeben und ca. 10 Minuten weiter kochen.
10. Suppe mit Salz und Pfeffer abschmecken und mit einem Klecks Schmand/saure Sahne und Petersilie servieren.

Tipp:

Borsch schmeckt am nächsten Tag noch besser.

Ihr könnt anstelle von passierten Tomaten auch 3–4 EL Tomatenmark nehmen.

Selenyj borsch – Sauerampfer-Suppe

Für ca. 4–5 Portionen
ca. 1 Std. 10 Min.

400 g Hähnchenunterschenkel
2,5 l Wasser
2 große Zwiebeln (aufgeteilt)
3–4 getrocknete Lorbeerblätter
5 Pfefferkörner
400 g festkochende Kartoffeln
150 g Karotten
40 g Öl
1–2 EL Gemüsebrühenpulver
200 g Sauerampfer
2 Eier
Salz und Pfeffer nach Geschmack
Schmand/saure Sahne zum Servieren

1. Hähnchenunterschenkel, Wasser, eine Zwiebel, Lorbeerblätter und Pfefferkörner in einem großen Topf bei mittlerer Hitze ca. 45 Minuten kochen.
2. Währenddessen Kartoffeln schälen und in mundgerechte Stücke schneiden. Karotten auf einer Reibe fein raspeln. Die zweite Zwiebel schälen und in kleine Würfel schneiden.
3. Ausgekochte Zwiebel und Hähnchen aus dem Topf nehmen. Zwiebel entsorgen. Etwas mehr Wasser in den Topf geben, falls notwendig. Hähnchen mit einer Gabel vom Knochen lösen (Achtung, heiß!).
4. Kartoffeln in den Topf hinzugeben und ca. 10 Minuten weiter kochen.
5. Währenddessen Öl in die Pfanne geben. Zwiebeln glasig dünsten. Karotten in die Pfanne hinzugeben und ca. 5 Minuten dünsten.
6. Gedünstetes Gemüse, Gemüsebrühenpulver und Hähnchenfleisch in den Topf hinzugeben und ca. 10 Minuten weiter kochen.
7. Sauerampfer in ca. 1 cm dicke Streifen schneiden, in den Topf hinzugeben und ca. 3 Minuten weiter kochen.
8. Eier in einer kleinen Schüssel verquirlen. In den Topf geben, gut vermischen, damit die Eier Fäden ziehen, und ca. 2 Minuten weiter kochen.
9. Suppe mit Salz und Pfeffer abschmecken und mit einem Klecks Schmand/saure Sahne servieren.

Fasolevyj sup – Bohnensuppe

Für ca. 5–6 Portionen
ca. 2 Std.

500 g Suppenfleisch, Rind
3 l Wasser
2 große Zwiebeln (aufgeteilt)
3–4 getrocknete Lorbeerblätter
5 Pfefferkörner
400 g festkochende Kartoffeln
150 g Karotten
1 Dose Kidneybohnen (Abtropfgewicht: 250 g)
40 g Öl
Salz und Pfeffer nach Geschmack
Petersilie zum Garnieren

1. Suppenfleisch unter fließendem Wasser abwaschen und mit einem Stück Küchenpapier trockentupfen.
2. Wasser und Fleisch in einem großen Topf aufkochen, ca. 5 Minuten weiter kochen und den Schaum abschöpfen.
3. Eine Zwiebel, Lorbeerblätter und Pfefferkörner hinzugeben und bei niedriger Hitze ca. 1–1,5 Stunden kochen. Nach ca. 45 Minuten 1 gehäuften TL Salz hinzugeben. Schaum gegebenenfalls abschöpfen.
4. Währenddessen Kartoffeln schälen und in mundgerechte Stücke schneiden. Karotten auf einer Reibe fein raspeln. Die zweite Zwiebel schälen und in kleine Würfel schneiden.
5. Ausgekochte Zwiebel und Fleisch aus dem Topf nehmen. Zwiebel entsorgen. Etwas mehr Wasser in den Topf geben, falls notwendig.
6. Kartoffeln in den Topf hinzugeben und ca. 10 Minuten kochen.
7. Währenddessen Kidneybohnen in einem Sieb unter fließendem warmen Wasser abspülen.
8. Öl in die Pfanne geben. Zwiebeln glasig dünsten. Karotten in die Pfanne zugeben und ca. 5 Minuten dünsten.
9. Währenddessen Fleisch in mundgerechte Stücke schneiden.
10. Gedünstetes Gemüse, Fleisch und Kidneybohnen in den Topf zugeben und ca. 7 Minuten weiter kochen.
11. Suppe mit Salz und Pfeffer abschmecken und mit der Petersilie garnieren.

Gorohowyj sup – Erbsensuppe

Für ca. 4–5 Portionen
ca. 1 Std. +
ca. 90 Min. Einweichzeit

300 g getrocknete Erbsen
400 g Hähnchenschenkel
2,5 l Wasser
2 große Zwiebeln (aufgeteilt)
3–4 getrocknete Lorbeerblätter
5 Pfefferkörner
400 g festkochende Kartoffeln
150 g Karotten
40 g Öl
1 EL Gemüsebrühenpulver
¼ TL Kurkuma
Salz und Pfeffer nach Geschmack

1. Erbsen in einem Sieb unter fließendem warmen Wasser abspülen und ca. 1,5 Stunden in kaltem Wasser einweichen.
2. Hähnchenschenkel, Wasser, Erbsen, eine Zwiebel, Lorbeerblätter und Pfefferkörner in einem großen Topf bei mittlerer Hitze ca. 1 Stunde kochen.
3. Währenddessen Kartoffeln schälen und in mundgerechte Stücke schneiden. Karotten auf einer Reibe fein raspeln. Die zweite Zwiebel schälen und in kleine Würfel schneiden.
4. Ausgekochte Zwiebel und Hähnchen aus dem Topf nehmen. Zwiebel entsorgen. Etwas mehr Wasser in den Topf geben, falls notwendig. Hähnchen mit einer Gabel vom Knochen lösen (Achtung, heiß!).
5. Kartoffeln in den Topf geben und ca. 10 Minuten weiter kochen.
6. Währenddessen Öl in die Pfanne geben. Zwiebeln glasig dünsten. Karotten in die Pfanne zugeben und ca. 5 Minuten dünsten.
7. Gedünstetes Gemüse, Gemüsebrühenpulver, Kurkuma und Hähnchenfleisch in den Topf zugeben und ca. 10 Minuten weiter kochen.
8. Suppe mit Salz und Pfeffer abschmecken.

Ucha – Fischsuppe

Für ca. 4 Portionen
ca. 1 Std.

1,2 l Wasser
1 l Fischfond
400 g festkochende Kartoffeln
150 g Karotten
1 große Zwiebel
5 Pfefferkörner
Salz
500 g Fischfilet
3 getrocknete Lorbeerblätter
Pfeffer nach Geschmack
¼ Bund Dill, kleingehackt (optional)

1. Wasser und Fischfond in einem großen Topf aufkochen.
2. Währenddessen Kartoffeln schälen und in mundgerechte Stücke schneiden. Karotten zuerst der Länge nach halbieren, dann in Halbkreise schneiden. Zwiebel schälen.
3. Das Gemüse, Pfefferkörner und Salz in den Topf geben und bei mittlerer Hitze ca. 15 Minuten kochen.
4. Währenddessen Fisch unter fließendem Wasser abspülen, mit einem Stück Küchenpapier trockentupfen und in breite Streifen schneiden.
5. Fisch und Lorbeerblätter in den Topf hinzugeben, weitere 8–10 Minuten kochen und anschließend ca. 10 Minuten ziehen lassen. Die ausgekochte Zwiebel aus dem Topf nehmen.
6. Ucha mit Salz und Pfeffer abschmecken und mit Dill garnieren.

Tipp:

Für Ucha sollte ein fettiger Fisch verwendet werden. Folgende Fisch-Arten eignen sich besonders gut: Karpfen, Stör, Lachs, Barsch sowie Zander.

Sup s frikadelkami – Suppe mit Fleischbällchen

Für 4–5 Personen
ca. 50 Min.

Für die Fleischbällchen:
40 g Zwiebeln
½ Bund Petersilie
250 g gemischtes Hackfleisch
1 Ei
Salz und Pfeffer nach Geschmack

Für die Suppe:
350 g festkochende Kartoffeln
150 g Karotten
100 g Zwiebeln
30 g Öl
2 l Wasser
100 g Reis (parboiled)
1 EL Gemüsebrühenpulver
2 getrocknete Lorbeerblätter
Salz und Pfeffer nach Geschmack
Petersilie zum Garnieren

1. Für die Fleischbällchen Zwiebeln schälen und in kleine Würfel schneiden. Petersilie klein hacken.
2. Alle Zutaten für die Hackbällchen in einer Schüssel vermischen.
3. Mit feuchten Händen aus der Fleischmasse walnussgroße Fleischbällchen formen und zur Seite stellen.
4. Für die Suppe Kartoffeln schälen und in mundgerechte Stücke schneiden. Karotten auf einer Reibe fein raspeln. Zwiebeln schälen und in kleine Würfel schneiden.
5. Öl in die Pfanne geben. Zwiebeln glasig dünsten. Karotten zugeben und weitere 5 Minuten dünsten.
6. Wasser, gedünstetes Gemüse und die restlichen Zutaten für die Suppe in einen großen Topf geben und ca. 10 Minuten kochen. Fleischbällchen in den Topf zugeben und weitere 15 Minuten kochen.
7. Suppe mit Petersilie garnieren.

Kurinaja lapscha – Hühnersuppe

Für 6–8 Portionen
ca. 2 Std.

1 Suppenhuhn
3 l Wasser
150 g Karotten
100 g Zwiebeln
30 g Öl
2 getrocknete Lorbeerblätter
100 g Suppennudeln
Salz und Pfeffer nach Geschmack
½ Bund Dill

1. Suppenhuhn unter fließendem Wasser abwaschen und mit einem Stück Küchenpapier trockentupfen.
2. Wasser und 1,5 TL Salz in einen großen Topf geben. Suppenhuhn hinzugeben bei mittlerer Hitze ca. 1,5 Stunde kochen.
3. Ausgekochtes Hähnchen aus dem Topf nehmen. Etwas mehr Wasser in den Topf geben, falls notwendig.
4. Karotten auf einer Reibe fein raspeln, die Zwiebeln schälen und in kleine Würfel schneiden.
5. Öl in die Pfanne geben. Zwiebeln glasig dünsten. Karotten zugeben und weitere 5 Minuten dünsten.
6. Währenddessen das Hähnchen zerlegen (Achtung heiß!).
7. Gedünstetes Gemüse, Suppennudeln, Hähnchenfleisch und Lorbeerblätter in die Bouillon geben und weiter kochen, bis die Nudeln laut Packungsanweisung gar sind. Lorbeerblätter entfernen und entsorgen.
8. Suppe mit Salz und Pfeffer abschmecken.
9. Suppe vom Herd nehmen.
10. Dill fein hacken, in den Topf geben und ca. 10 Minuten ziehen lassen.

SOUP

SOUP

Soljanka – Russischer Eintopf

Für 5–6 Portionen
ca. 2 Std.

- 500 g Suppenfleisch, Rind
- 2,5 l Wasser
- 2 getrocknete Lorbeerblätter
- 5 Pfefferkörner
- 2 mittelgroße Zwiebeln (ca. 200 g)
- 2 mittelgroße rote Paprikaschoten
- 150 g Gewürzgurken
- 150 g Karotten
- 2 Knoblauchzehen
- 600 g Wurst (z. B. Salami, Geflügelwurst, Wiener Würstchen)
- 4 EL Öl (aufgeteilt)
- 3 EL Tomatenmark
- 50 g Gurkensud
- Salz und Pfeffer nach Geschmack
- Schmand/saure Sahne zum Servieren

1. Suppenfleisch unter fließendem Wasser abwaschen und mit einem Stück Küchenpapier trocken tupfen.
2. Wasser und Fleisch in einem großen Topf aufkochen, ca. 5 Minuten weiter kochen und den Schaum abschöpfen.
3. Lorbeerblätter und Pfefferkörner hinzugeben und bei niedriger Hitze ca. 1-1,5 Stunden kochen. Nach ca. 45 Minuten 1,5 TL Salz hinzugeben. Schaum gegebenenfalls abschöpfen.
4. Währenddessen Zwiebeln schälen, Paprikaschoten putzen und zusammen mit den Gewürzgurken in kleine Würfel schneiden. Karotten auf einer Reibe grob raspeln. Knoblauchzehen schälen und klein hacken. Wurst in kleine Würfel schneiden.
5. Fleisch aus dem Topf nehmen. Etwas mehr Wasser in den Topf geben, falls notwendig.
6. 3 EL Öl in die Pfanne geben. Zwiebeln und Karotten ca. 10 Minuten dünsten. Knoblauch hinzugeben und weitere 2 Minuten dünsten. Paprikaschoten hinzugeben und weitere 3 Minuten dünsten. Gewürzgurken und Tomatenmark hinzugeben und weitere 5 Minuten dünsten.
7. Währenddessen Fleisch in mundgerechte Stücke schneiden.
8. Gedünstetes Gemüse und Fleisch in den Topf hinzugeben und ca. 10 Minuten weiter kochen.
9. Währenddessen 1 EL Öl in die Pfanne geben, Wurst kurz anbraten, in den Topf hinzugeben und weitere 5 Minuten kochen.
10. Gurkensud hinzugeben und Soljanka mit Salz und Pfeffer abschmecken.
11. Soljanka mit einem Klecks Schmand/saure Sahne servieren.

Tipp:
Ihr könnt auch Oliven oder Kapern hinzugeben.

Okroschka – Russische Sommersuppe

Für 6–8 Portionen
ca. 50 Min. +
ca. 1 Std. Kühlzeit

400 g festkochende Kartoffeln
6 Eier
1 Bund Schnittlauch
1 Bund Dill
½ Salatgurke
1 Bund Radieschen
300 g Geflügelfleischwurst
500 g Kefir (alternativ: Buttermilch)
1 l kaltes Mineralwasser mit Kohlensäure
Saft einer Zitrone (alternativ: 1–2 EL Essig)
Salz und Pfeffer nach Geschmack

1. Kartoffeln schälen, in gesalzenem Wasser gar kochen und abkühlen lassen. Eier hart kochen, im kalten Wasser abschrecken und schälen.
2. Schnittlauch und Dill klein hacken, in eine große Schüssel geben und mit einem Kartoffelstampfer etwas stampfen, damit ätherische Öle austreten können.
3. Kartoffeln, Eier, Salatgurke, Radieschen und Geflügelfleischwurst in kleine Würfel schneiden und in die Schüssel hinzugeben.
4. Kefir und Mineralwasser in die Schüssel hinzugeben, Okroschka mit Zitronensaft, Salz und Pfeffer abschmecken (sie muss säuerlich schmecken) und für ca. 1 Stunde kalt stellen.

Tipp:
Die Okroschka-Flüssigkeit kann auch aus 1,5 l Wasser, 400 g Schmand und 1–2 EL Essig hergestellt werden.

Svekolnik – Kalter Borsch

Für 6–8 Portionen
ca. 50 Min. +
ca. 1 Std. Kühlzeit

400 g festkochende Kartoffeln
4 Eier
1 Bund Schnittlauch
1 Bund Dill
½ Salatgurke
300 g gekochte Rote Bete
700 g Kefir (alternativ: Buttermilch)
800 ml kaltes Mineralwasser mit Kohlensäure
Saft einer Zitrone (alternativ: 1–2 EL Essig)
Salz und Pfeffer nach Geschmack

1. Kartoffeln schälen, in gesalzenem Wasser gar kochen und abkühlen lassen. Eier hart kochen, in kaltem Wasser abschrecken und schälen.
2. Schnittlauch und Dill klein hacken, in eine große Schüssel geben und mit einem Kartoffelstampfer etwas stampfen, damit ätherische Öle entweichen können.
3. Kartoffeln, Eier und Salatgurke in kleine Würfel schneiden und in die Schüssel hinzugeben.
4. Rote Bete auf einer Reibe grob raspeln und in die Schüssel hinzugeben.
5. Kefir und Mineralwasser in die Schüssel hinzugeben, Svekolnik mit Zitronensaft, Salz und Pfeffer abschmecken (er muss säuerlich schmecken) und für ca. 1 Stunde kalt stellen.

Glawnyje Bljuda – Hauptspeisen

Golubzi – Russische Kohlrouladen

Für 4–5 Portionen
ca. 2 Std.

Für die Golubzi:
1 mittelgroßer Kopf Weißkohl
100 g Reis (parboiled)
80 g Karotten
100 g Zwiebeln
1 Knoblauchzehe
50 g Wasser
500 g gemischtes Hackfleisch
Salz und Pfeffer nach Geschmack

Für die Soße:
100 g Zwiebeln
150 g Karotten
30 g Öl
40 g Mehl
400 ml Wasser
40 g Tomatenmark
200 g Schmand
Salz und Pfeffer nach Geschmack

1. Äußere Blätter des Weißkohls abtrennen und den Strunk vorsichtig entfernen. In einem großen Topf Wasser aufkochen, den ganzen Weißkohl hineingeben und ca. 15 Minuten dünsten.
2. Währenddessen Reis in Salzwasser halb gar kochen und anschließend abkühlen lassen.
3. Weißkohl aus dem Wasser nehmen und kalt abschrecken. Vorsichtig einzelne Blätter abtrennen und gegebenenfalls Stielansatz mit einem Fleischhammer weichklopfen. Weißkohlblätter abkühlen lassen.
4. Für die Golubzi Karotten auf einer Reibe fein raspeln, Zwiebeln schälen und in feine Würfel schneiden. Gemüse in eine große Schüssel geben. Knoblauchzehe schälen und in die Schüssel pressen.
5. Alle restlichen Zutaten für die Golubzi in die Schüssel hinzugeben und vermischen.
6. Für die Soße Zwiebeln schälen und in feine Würfel schneiden. Karotten auf einer Reibe fein raspeln.
7. Öl in eine tiefe Pfanne geben. Zwiebeln glasig dünsten. Karotten hinzugeben und weitere 5 Minuten dünsten.
8. Mehl in 100 ml Wasser verrühren und in die Pfanne hinzugeben. Restliche Zutaten für die Soße hinzugeben, vermischen und kochen, bis die Soße andickt.
9. Weißkohlblätter mit der inneren Seite nach oben legen, in die Mitte ca. 1–2 EL Füllung geben, die Seiten einschlagen und zu einer Kohlroulade aufrollen.

10. Golubzi dicht gepackt neben- und übereinander in den Topf legen und mit der Soße übergießen.
11. Soße bei mittlerer Hitze aufkochen lassen. Anschließend die Hitze reduzieren und ca. 45 Minuten dünsten.

Tipp:

Zu den Golubzi Kartoffelpüree (siehe Seite 105) servieren.

Tefteli – Fleischbällchen

Für ca. 15 Stück
1 Std. 30 Min.

Für die Fleischbällchen:
100 g Reis (parboiled)
80 g Zwiebeln
1 Knoblauchzehe
500 g gemischtes Hackfleisch
1 TL Salz
½ TL Pfeffer
1 Ei
Etwas Öl für die Auflaufform

Für die Soße:
200 g Karotten
100 g Zwiebeln
1 EL Öl
3 EL Tomatenmark
2 getrocknete Lorbeerblätter
500 ml heißes Wasser
1 EL Gemüsebrühepulver
100 g Crème fraîche
30 g Mehl
50 ml Wasser
Salz und Pfeffer nach Geschmack

1. Für die Fleischbällchen Reis in Salzwasser halb gar kochen und anschließend abkühlen lassen.
2. Zwiebeln schälen, in feine Würfel schneiden und in eine Schüssel geben. Knoblauchzehe schälen und in die Schüssel pressen. Abgekühlten Reis und restliche Zutaten für die Fleischbällchen hinzugeben, gut vermischen und aus der Fleischmasse ca. 15 gleich große Bällchen formen.
3. Eine mittelgroße Auflaufform fetten und die Bällchen hineingeben.
4. Für die Soße Karotten schälen und auf einer Reibe grob raspeln. Zwiebeln schälen und in feine Würfel schneiden.
5. Öl in eine tiefe Pfanne geben. Zwiebeln glasig dünsten. Karotten zugeben und weitere 5 Minuten dünsten.
6. Tomatenmark zugeben und kurz mitdünsten. Mit dem heißen Wasser ablöschen. Gemüsebrühepulver, Lorbeerblätter und Crème fraîche zugeben und aufkochen.
7. Mehl in 50 ml Wasser verrühren, in die Pfanne hinzugeben und kochen bis die Soße andickt.
8. Währenddessen Backofen auf 180 °C Ober-/Unterhitze (Umluft 160 °C) vorheizen.
9. Soße über den Fleischbällchen verteilen und ca. 35 Minuten backen.

Kotlety – Russische Frikadellen

Für 3–4 Portionen
ca. 20 Min.

1 Knoblauchzehe
100 g Zwiebeln
3 Scheiben Toastbrot, ohne Rand
2 EL Milch
500 g gemischtes Hackfleisch
1 Ei
1 TL Senf, mittelscharf
Salz und Pfeffer nach Geschmack
Öl zum Braten

Zubehör:
Blender

1. Knoblauchzehe und Zwiebeln schälen, mit Toastbrot und Milch in einen Blender geben, zu einer gleichmäßigen Masse pürieren und in eine Schüssel umfüllen.
2. Restliche Zutaten in die Schüssel hinzugeben und mit den Händen vermischen.
3. Aus der Fleischmasse mit feuchten Händen Kotlety formen.
4. In einer Pfanne reichlich Öl (Ölstand ca. 1 cm) erhitzen, Kotlety goldbraun ausbraten und auf einem Stück Küchenpapier abtropfen lassen.

Tipp:

Kotlety mit Kartoffelpüree (siehe Seite 105) oder Salat servieren. Gebratene Kotlety lassen sich auch gut auf Vorrat einfrieren.

Kotlety po kievski – Cordon Bleu auf Ukrainisch

Für 4 Portionen
ca. 50 Min.

Für die Füllung:
½ Bund Petersilie
1 Knoblauchzehe
½ TL Salz
¼ TL Pfeffer
100 g Butter (Zimmertemperatur)
4 Hühnerbrustfilets
Salz und Pfeffer nach Geschmack

Für die Panade:
2 Eier
90 g Milch
60 g Mehl
100 g Paniermehl
Öl zum Braten

1. Für die Füllung Petersilie klein hacken und in eine kleine Schüssel geben. Knoblauchzehe schälen und in die Schüssel pressen.
2. Restliche Zutaten für die Füllung in die Schüssel zugeben und mit einem Löffel vermischen.
3. Kräuterbutter auf einen Bogen Frischhaltefolie geben, zu einem Strang rollen und für ca. 15 Minuten in das Gefrierfach legen.
4. Hühnerbrustfilets in der Mitte der Länge nach, beginnend beim hinteren dünneren Ende, einschneiden, ohne die Filets komplett durchzuschneiden. Hühnerbrustfilets öffnen und wie ein Schnitzel auflegen. Hühnerbrustfilets mit Frischhaltefolie bedecken und mit einem Fleischhammer dünn ausklopfen (ca. 5 mm). Anschließend mit Salz und Pfeffer würzen.
5. Kräuterbutter in vier gleich große längliche Stücke schneiden, in die Mitte jedes Hühnerbrustfilets jeweils ein Stück Kräuterbutter geben, die Seiten einschlagen und zu einer Roulade aufrollen.
6. Backofen auf 180 °C Ober-/Unterhitze (Umluft 160 °C) vorheizen.
7. Für die Panade in einem Teller Eier mit Milch verquirlen. In weiteren Tellern Mehl und Paniermehl bereitstellen.

8. Kotlety in Mehl wenden, durch die Ei-Milch-Mischung ziehen, im Paniermehl wenden, noch einmal durch die Ei-Milch-Mischung ziehen und im Paniermehl wenden.
9. In einer Pfanne reichlich Öl (Ölstand ca. 1 cm) erhitzen, Kotlety goldgelb ausbraten, anschließend in eine Auflaufform geben und ca. 12 Minuten im Backofen backen.

Tipp:

Kotlety po kievski mit Kartoffelpüree (siehe Seite 105) oder Salat servieren.

Rybnyje kotlety – Fischfrikadellen

Für 3–4 Portionen
ca. 20 Min.

½ Bund Dill
80 g Zwiebeln
500 g Seelachsfilets
1 Knoblauchzehe
2 Eier (aufgeteilt)
2 Scheiben Toastbrot, ohne Rand
Salz und Pfeffer nach Geschmack
1 EL Wasser
100 g Paniermehl
Öl zum Braten

Zubehör:
Blender

1. Dill klein hacken. Zwiebeln schälen, in kleine Würfel schneiden und in eine Schüssel geben.
2. Seelachsfilets mit einem Stück Küchenpapier trocken tupfen und in Stücke schneiden. Knoblauchzehe schälen und zusammen mit den Seelachsfilets, einem Ei, den Toastbroten, Salz und Pfeffer in einen Blender geben, zu einer gleichmäßigen Masse pürieren und in die Schüssel zugeben.
3. Aus der Fischmischung mit feuchten Händen Kugeln formen und leicht platt drücken.
4. In einem Teller das zweite Ei mit Wasser verquirlen. Auf einem anderen Teller Paniermehl verteilen. Kotlety durch die Ei-Wasser-Mischung ziehen und im Paniermehl wenden.
5. In einer Pfanne reichlich Öl (Ölstand ca. 0,5 cm) erhitzen, Kotlety goldbraun ausbraten und auf einem Stück Küchenpapier abtropfen lassen.

Tipp:

Rybnyje kotlety mit Kartoffelpüree (siehe Seite 105) oder Salat servieren.

Mjasnoj rulet – Hackbraten

Für 3–4 Portionen
ca. 1 Std.

Für die Füllung:
5 Eier

Für die Hackmasse:
1 Knoblauchzehe
120 g Zwiebeln
4 Scheiben Toastbrot, ohne Rand
60 ml Milch
1 Bund Petersilie
600 g gemischtes Hackfleisch
2 Eier
3 TL Senf, mittelscharf
Salz und Pfeffer nach Geschmack
Öl zum Einfetten

Zubehör:
Blender

1. Für die Füllung Eier hart kochen, in kaltem Wasser abschrecken und schälen.
2. Für die Hackmasse Knoblauchzehe und Zwiebeln schälen und zusammen mit Toastbrot und Milch in einen Blender geben, zu einer gleichmäßigen Masse pürieren und in eine Schüssel umfüllen.
3. Petersilie klein hacken und in die Schüssel hinzugeben.
4. Restliche Zutaten in die Schüssel hinzugeben und mit den Händen vermischen.
5. Backofen auf 190 °C Ober-/Unterhitze vorheizen (Umluft 170 °C) und Backblech einfetten.
6. Hackmasse mit feuchten Händen auf einem Stück Frischhaltefolie zu einer Fläche (ca. 25 × 25 cm) flach drücken. Hart gekochte Eier in einer Reihe dicht an dicht in die Mitte legen, mit Hack bedecken und zu einem Laib formen.
7. Mjasnoj rulet ohne Frischhaltefolie auf das Backblech geben und ca. 45 Minuten backen. Im ausgeschalteten Ofen ca. 5 weitere Minuten ruhen lassen.

Tipp:

Mjasnoj rulet mit Kartoffelpüree (siehe Seite 105) oder Salat servieren.

Plov – Reisgericht

Für 4 Portionen
ca. 40 Min.

200 g Zwiebeln
200 g Karotten
80 ml Öl
500 g Fleisch nach Wahl (z. B. Hähnchenbrustfilets)
2 TL Salz
1 TL Paprika (edelsüß)
½ TL Pfeffer
½ TL Paprika (rosenscharf)
½ TL Kurkuma
250 g Reis (parboiled)
ca. 900 ml heißes Wasser
1 Knoblauchknolle

1. Zwiebeln schälen und in mittlere Würfel schneiden. Karotten auf einer Reibe grob raspeln.
2. Öl in einem Topf mit einem dicken Boden bei mittlerer Hitze erwärmen, Gemüse hineingeben und ca. 10 Minuten dünsten.
3. Währenddessen Fleisch in Würfel à 3 × 3 cm schneiden.
4. Fleisch und die Gewürze in den Topf hinzugeben und ca. 10 Minuten braten.
5. Währenddessen Reis in einem Sieb unter fließendem warmen Wasser abspülen, in den Topf hinzugeben und gleichmäßig über das Fleisch verteilen.
6. Heißes Wasser in den Topf hinzugeben, sodass es den Reis ca. 2 cm hoch bedeckt.
7. Eine ungeschälte Knoblauchknolle in den Reis stecken.
8. Plov ca. 25 Minuten bei mittlerer Hitze dünsten, dann vom Herd nehmen und ca. 15 Minuten ruhen lassen.
9. Anschließend die Knoblauchknolle entfernen und servieren.

Tipp:

Das A und O eines guten Plovs sind die vielen Gewürze. Ihr könnt im russischen Laden bereits eine fertige Gewürzmischung für Plov kaufen. Wichtig: Ihr dürft den Plov während des Kochvorganges nicht rühren!

Tuschonaja kapusta – Gedünsteter Spitzkohl

Für 4–6 Portionen
ca. 40 Min.

600 g Spitzkohl
150 g Zwiebeln
150 g Karotten
1 Knoblauchzehe
200 g Fleischwurst (z. B. Geflügelwurst)
3 EL Öl
30 g Tomatenmark
1 EL Mehl
250 ml Wasser
1 TL Weißwein-Essig
2 getrocknete Lorbeerblätter
1 TL Salz
¼ TL Pfeffer

1. Spitzkohl in Streifen schneiden.
2. Zwiebeln schälen und in feine Würfel schneiden, Karotten auf einer Reibe grob raspeln. Knoblauchzehe schälen und klein hacken.
3. Öl in den Topf geben. Zwiebeln und Karotten ca. 5 Minuten dünsten. Knoblauch hinzugeben und weitere 5 Minuten dünsten.
4. Währenddessen Fleischwurst in kleine Würfel schneiden.
5. Tomatenmark und Mehl in den Topf hinzugeben, gut vermischen und alles mit Wasser ablöschen.
6. Restliche Zutaten hinzugeben und ca. 25 Minuten bei mittlerer Hitze dünsten.

Zharkoje – Russischer Kartoffeleintopf

Für 4 Portionen
ca. 1 Std. 10 Min.

500 g Schweinegulasch
2–3 EL Öl
150 g Karotten
150 g Zwiebeln
1 kg festkochende Kartoffeln
3 EL Tomatenmark
ca. 1 l heißes Wasser
1–2 TL Gemüsebrühepulver
Salz und Pfeffer nach Geschmack
½ TL Paprika (edelsüß)
1–2 Knoblauchzehen
2 getrocknete Lorbeerblätter

1. Schweinegulasch, wenn nötig, in Würfel à 2 × 2 cm schneiden.
2. In einem Topf, am besten mit dickem Boden, Öl erhitzen und Schweinegulasch scharf anbraten.
3. Karotten auf einer Reibe fein raspeln. Zwiebeln schälen und in Würfel schneiden. Gemüse in den Topf hinzugeben und ca. 10 Minuten dünsten.
4. Kartoffeln schälen, in Würfel à 2 × 2 cm schneiden und in den Topf hinzugeben.
5. Tomatenmark in den Topf hinzugeben und gut vermischen.
6. Heißes Wasser in den Topf hinzugeben, bis die Kartoffeln bedeckt sind, kurz aufkochen lassen und die Hitze anschließend reduzieren.
7. Gemüsebrühenpulver und Gewürze in den Topf hinzugeben und gut vermischen.
8. Zharkoje ca. 40 Minuten zugedeckt dünsten.
9. Knoblauchzehen schälen und in den Topf pressen, Lorbeerblätter hinzugeben und weitere 15 Minuten mit geschlossenem Deckel dünsten, bis die Kartoffeln gar sind und die Flüssigkeit sämig wird.

Gulasch

Für 3–4 Personen
ca. 1 Std. 15 Min.

400 g Zwiebeln
30 g Öl
40 g Tomatenmark
700 g Rindergulasch
1 EL Mehl
1 TL Salz
½ TL Pfeffer
600 ml Gemüsebrühe (alternativ: 600 ml Wasser und 2 TL Gemüsebrühenpulver)
2 EL Paprika (edelsüß)
2 getrocknete Lorbeerblätter

1. Zwiebeln schälen und in mittelgroße Würfel schneiden.
2. Öl in einem großen Topf stark erhitzen und Zwiebeln anrösten. Tomatenmark hinzugeben und kurz mitrösten.
3. Währenddessen Rindergulasch mit Mehl in einer Schüssel vermischen.
4. Rindergulasch in den Topf hinzugeben, von allen Seiten kräftig anbraten und mit Salz und Pfeffer würzen.
5. Alles mit Gemüsebrühe ablöschen.
6. Paprikapulver und Lorbeerblätter hinzugeben, nochmals mit Salz und Pfeffer würzen und zugedeckt bei mittlerer Hitze ca. 1 Stunde schmoren.

Tipp:
Gulasch mit Kartoffelpüree (siehe Seite 105) servieren.

Sapetschennaja kurotschka – Hähnchen in Knoblauchsoße

Für 4–5 Portionen
ca. 1 Std. 50 Min.

Für die Soße:
250 g Mayonnaise
4–5 Knoblauchzehen
2–3 TL Salz
1 TL Senf, mittelscharf
½ TL Pfeffer

800 g Hähnchenunterschenkel
1 kg festkochende Kartoffeln
Salz und Pfeffer

1. Mayonnaise in eine große Schüssel geben.
2. Knoblauchzehen schälen und in die Mayonnaise pressen. Restliche Zutaten für die Soße in die Schüssel hinzugeben und gut vermischen.
3. Backofen auf 200 °C Ober-/Unterhitze (Umluft 180 °C) vorheizen und ein Backblech mit Backpapier auslegen.
4. Kartoffeln schälen und in mundgerechte Stücke schneiden.
5. Hähnchen und Kartoffeln mit der Soße vermischen, auf das Backblech geben, gegebenenfalls mit Salz und Pfeffer abschmecken, mit Alufolie abdecken und mit der Gabel mehrfach einstechen.
6. Nach ca. 1 Stunde die Folie abnehmen und weitere 25–30 Minuten goldbraun backen.

Toltschenaja kartoschka – Kartoffelpüree

Für 3–4 Portionen
ca. 25 Min.

900 g mehligkochende Kartoffeln
Salz nach Geschmack
200 ml Milch
50 g Butter

1. Kartoffeln schälen, waschen und in grobe Stücke schneiden. In kaltem Salzwasser aufkochen und zugedeckt ca. 25 Minuten gar kochen.
2. Währenddessen Milch in einem kleinen Topf erhitzen und die Butter darin schmelzen.
3. Kartoffeln abgießen und mit einem Kartoffelstampfer zerdrücken.
4. Milch hinzugeben und alles gut verrühren, bis das Kartoffelpüree geschmeidig und glatt ist.
5. Mit Salz abschmecken.

Tipp:

Ein russisches Kartoffelpüree wird traditionell nicht mit einer Muskatnuss abgeschmeckt. Ihr könnt sie aber gerne verwenden.

Mjaso po franzuski – Fleisch auf die französische Art

Für 4 Portionen
ca. 1 Std. 20 Min.

500 g Minutensteaks vom Schwein
Salz und Pfeffer nach Geschmack
800 g festkochende Kartoffeln
150 g Zwiebeln
250 g Tomaten
3 EL Öl (aufgeteilt)
150 g Mayonnaise
50 ml Wasser
2 Knoblauchzehen
150 g geriebener Käse (z. B. Emmentaler)
Etwas Öl für die Backform

1. Minutensteaks mit einem Fleischhammer dünn ausklopfen (ca. 5 mm). Anschließend mit Salz und Pfeffer würzen.
2. Kartoffeln und Zwiebeln schälen.
3. Tomaten und Kartoffeln in dünne Scheiben und Zwiebeln in dünne Ringe schneiden.
4. Kartoffeln mit 2 EL Öl vermischen und mit Salz und Pfeffer würzen.
5. Backofen auf 180 °C Ober-/Unterhitze vorheizen (Umluft 160 °C) und eine Backform (20 × 30 cm) einfetten.
6. In einer Pfanne 1 EL Öl erhitzen und die Minutensteaks von beiden Seiten scharf anbraten.
7. Für die Soße Mayonnaise und Wasser in einer Schüssel vermischen. Knoblauchzehen schälen, hineinpressen und mit Salz und Pfeffer abschmecken.
8. Die Zutaten wie folgt in die Backform schichten: Kartoffeln, Minutensteaks, Zwiebeln und Tomaten.
9. Die Soße darüber geben und 25 Minuten backen.
10. Anschließend Käse darauf verteilen und weitere 20 Minuten backen.

Kartofel'naja sapekanka – Kartoffelauflauf

Für 4–6 Portionen
ca. 1 Std. 30 Min.

1 kg mehligkochende Kartoffeln
100 ml Milch
50 g Butter
120 g geriebener Käse (z. B. Emmentaler, aufgeteilt)
1 Ei
100 g Zwiebeln
200 g Tomaten
½ Bund Petersilie
2 EL Öl + etwas mehr für die Auflaufform
400 g gemischtes Hackfleisch
1 Knoblauchzehe
1 EL Tomatenmark
3 EL Schmand
Salz und Pfeffer nach Geschmack

1. Kartoffeln schälen, waschen und in grobe Stücke schneiden. In kaltem Salzwasser aufkochen und zugedeckt ca. 25 Minuten gar kochen.
2. Kartoffeln abgießen. Milch, Butter, 70 g Käse und Ei hinzugeben und mit einem Kartoffelstampfer zerdrücken, bis eine glatte Masse entsteht. Ggf. mit Salz abschmecken.
3. Zwiebeln schälen und in feine Würfel schneiden. Tomaten in kleine Würfel schneiden. Petersilie klein hacken.
4. Öl in die Pfanne geben. Zwiebeln glasig dünsten. Hackfleisch zugeben und krümelig braten.
5. Knoblauchzehe schälen und in die Pfanne pressen. Tomaten, Petersilie, Tomatenmark und Schmand hinzugeben und weitere 5-7 Minuten braten. Mit Salz und Pfeffer abschmecken und abkühlen lassen.
6. Währenddessen Backofen auf 190 °C Ober-/Unterhitze (Umluft 170 °C) vorheizen und eine Auflaufform fetten.
7. Sapekanka wie folgt schichten: Die Hälfte der Kartoffeln, Hackfleischmischung, die zweite Hälfte der Kartoffeln.
8. Sapekanka mit dem restlichen Käse bestreuen und ca. 25 Minuten goldbraun backen. Anschließend ca. 10 Minuten ruhen lassen.

Kartofel'nyje zrazy – Kartoffeltaschen mit Hackfleischfüllung

Für 4–5 Portionen
ca. 50 Min.

1 kg mehligkochende Kartoffeln
Salz nach Geschmack
1 Ei
300–350 g Mehl (aufgeteilt)

Für die Füllung:
150 g Zwiebeln
100 g Karotten
½ Bund Petersilie
ca. 5 EL Öl zum Braten
400 g gemischtes Hackfleisch
1 Knoblauchzehe
2 EL Schmand
Salz und Pfeffer nach Geschmack
Saure Sahne oder Schmand zum Servieren

1. Kartoffeln schälen, waschen und in grobe Stücke schneiden. In kaltem Salzwasser aufkochen und zugedeckt ca. 25 Minuten gar kochen. Kartoffeln abgießen und mit einem Kartoffelstampfer zerdrücken, bis keine größeren Kartoffelstückchen mehr drin sind. Ggf. mit Salz abschmecken.
2. Ei und 200 g Mehl hinzugeben, gut vermischen und die Kartoffelmasse abkühlen lassen.
3. Währenddessen für die Füllung Zwiebeln schälen und in feine Würfel schneiden. Karotten auf einer Reibe fein raspeln. Petersilie klein hacken.
4. 1 EL Öl in die Pfanne geben. Zwiebeln glasig dünsten. Hackfleisch hinzugeben und krümelig braten.
5. Knoblauchzehe schälen und in die Pfanne pressen. Karotten, Petersilie und Schmand hinzugeben und weitere 8 Minuten braten. Mit Salz und Pfeffer abschmecken und abkühlen lassen.
6. Auf einem Teller das restliche Mehl verteilen.
7. Etwas von der Kartoffelmasse mit einem Esslöffel abstechen, auf die Handfläche geben und zu einem Fladen formen, der ungefähr so groß wie die Handfläche ist.
8. Einen gehäuften EL Füllung mittig darauf geben und die Kartoffelmasse darüber verschließen, sodass die Füllung eingeschlossen ist. Bei Bedarf noch mehr Kartoffelmasse dazu nehmen. Zrazy etwas platt drücken.

9. Zrazy von beiden Seiten mit Mehl panieren.
10. Öl in die Pfanne geben. Zrazy von beiden Seiten braten, bis sie goldbraun sind.
11. Zrazy mit saurer Sahne bzw. Schmand servieren.

Tipp:

Wenn die Kartoffelmasse zu sehr an den Händen klebt, Hände befeuchten.

Mjasnyje zrazy – Fleischtaschen mit Ei-Lauch-Füllung

Für 3–4 Portionen
ca. 45 Min.

Für die Füllung:
3 Eier
½ Bund Lauchzwiebeln
Salz und Pfeffer nach Geschmack

Für die Hackmasse:
1 Knoblauchzehe
100 g Zwiebeln
3 Scheiben Toastbrot, ohne Rand
2 EL Milch
500 g gemischtes Hackfleisch
1 Ei
Salz und Pfeffer nach Geschmack
Etwas Öl für das Backblech

Zubehör:
Blender

Tipp:
Zrazy mit Kartoffelpüree (siehe Seite 105) oder Salat servieren.

1. Für die Füllung Eier hart kochen und mit kaltem Wasser abschrecken. Abgekühlte Eier schälen, in Würfel schneiden und in eine Schüssel geben.
2. Lauchzwiebeln in dünne Ringe schneiden, in die Schüssel hinzugeben, gut vermischen und mit Salz und Pfeffer abschmecken.
3. Für die Hackmasse Knoblauchzehe und Zwiebeln schälen und zusammen mit Toastbrot und Milch in einen Blender geben, zu einer gleichmäßigen Masse pürieren und in eine Schüssel umfüllen.
4. Restliche Zutaten in die Schüssel hinzugeben und mit den Händen vermischen.
5. Backofen auf 200 °C Ober-/Unterhitze (Umluft 180 °C) vorheizen, ein Backblech mit Backpapier auslegen und etwas fetten.
6. Etwas von der Hackmasse mit einem Esslöffel abstechen, auf die Handfläche geben und zu einem Fladen formen, der so groß wie die Handfläche ist.
7. Einen gehäuften Esslöffel Füllung mittig darauf geben und die Hackmasse darüber verschließen, sodass die Füllung eingeschlossen ist. Bei Bedarf noch mehr Hackmasse dazu nehmen. Zrazy etwas platt drücken.
8. Zrazy auf das Backpapier mit der Naht nach unten legen und 17–20 Minuten backen.

Ryba w kljare – Backfisch

Für 4–6 Portionen
ca. 25 Min. +
40 Min. Kühlzeit

2 Eier
120 ml kalte Milch
120 g Mehl
Salz und Pfeffer nach Geschmack
700 g Fischfilets (z. B. Barsch, Zander, Seelachs)
Öl zum Braten

1. Eier, Milch, Mehl, Salz und Pfeffer mit einem Schneebesen zu einem glatten Teig verrühren und ca. 40 Minuten kalt stellen.
2. Fischfilets in gewünschte Größe schneiden.
3. In einer Pfanne reichlich Öl (Ölstand ca. 0,5 cm) erhitzen.
4. Teig erneut durchrühren. Fischfilets mithilfe einer Gabel durch den Teig ziehen, in die Pfanne geben, von jeder Seite ca. 3 Minuten backen und auf einem Stück Küchenpapier abtropfen lassen.

Tipp:

Ryba w kljare mit Kartoffelpüree (siehe Seite 105) oder Salat servieren.

Schaschlik nach Alex' Art

Für 4–6 Personen
ca. 30 Min. +
ca. 10 Std. Marinierzeit

1,5 kg Fleisch (z. B. Schweinenacken oder Pute)
700 g Zwiebeln
250 ml Mayonnaise
3 Knoblauchzehen
5 getrocknete Lorbeerblätter
2 EL Schaschlikgewürz
2 Kiwis
Salz und Pfeffer nach Geschmack

Zubehör:
Schaschlikspieße, verschließbare Schüssel

1. Fleisch in große Würfel schneiden (3 × 3 cm). Zwiebeln schälen und in Ringe schneiden.
2. Mayonnaise in eine große Schüssel geben. Knoblauchzehen schälen, in die Mayonnaise pressen und gut vermischen.
3. Alle Zutaten außer den Kiwis in die Schüssel hinzugeben, vermischen, verschließen und für ca. 6–8 Stunden bzw. über Nacht in den Kühlschrank stellen.
4. Etwa 2,5 Stunden vor dem Grillen Kiwis in kleine Würfel schneiden, zum Fleisch hinzugeben, gut vermischen gegebenenfalls mit Salz und Pfeffer abschmecken und weitere 2 Stunden ziehen lassen.
5. Grill anzünden, Schaschlikfleisch auf die Schaschlikspieße ziehen und auf dem Grill (Mangal) grillen.

Tipp:
Ihr dürft die Kiwis nicht länger als 4 Stunden im Fleisch lassen, sonst wird das Fleisch zu weich und man kann es nicht mehr aufspießen.

Gowjadina Stroganow – Boeuf Straganoff

Für 4–5 Portionen
ca. 45 Min.

120 g Zwiebeln
600 g Rinderfiletspitzen
4 EL Öl (aufgeteilt)
Salz und Pfeffer nach Geschmack
30 g Mehl
30 g Tomatenmark
250 ml Fleischbrühe (alternativ: 250 ml Wasser und 2 TL Instant-Fleischbrühenpulver)
200 ml Kochsahne
50 g Crème fraîche
1 TL Paprika (edelsüß)
2 getrocknete Lorbeerblätter

1. Zwiebeln schälen und in dünne Streifen schneiden.
2. Fleisch trocken tupfen und in Streifen à 1 × 3 cm schneiden.
3. In einer großen Pfanne 2 EL Öl stark erhitzen. Fleisch darin in zwei Portionen unter Wenden kräftig anbraten. Mit Salz und Pfeffer würzen, herausnehmen und warm stellen.
4. Weitere 2 EL Öl in die Pfanne geben und Zwiebeln glasig dünsten.
5. Mit Mehl bestäuben und kurz hell anschwitzen. Tomatenmark hinzugeben und kurz mitbraten.
6. Mit Fleischbrühe ablöschen. Restliche Zutaten, außer dem Fleisch, hinzugeben, verrühren und ca. 10 Minuten köcheln.
7. Fleisch hinzugeben und kurz erhitzen.
8. Mit Salz und Pfeffer abschmecken.

Tipp:

Gowjadina Stroganow mit Kartoffelpüree (siehe Seite 105) oder Reis servieren.

Man kann bei Schritt 4 noch 300 g Champignons in die Pfanne geben und mit anbraten.

Draniki – Kartoffelpuffer

Für 2–3 Portionen
ca. 20 Min.

½ Bund Petersilie
130 g Zwiebeln
3 Knoblauchzehen
1 kg festkochende Kartoffeln
2 TL Salz
½ TL Pfeffer
45 g Mehl
1 Ei
Öl zum Braten

1. Petersilie klein hacken, Zwiebeln schälen, in feine Würfel schneiden und in eine Schüssel geben. Knoblauchzehen schälen und in die Schüssel pressen.
2. Kartoffeln auf einer Reibe in eine weitere Schüssel fein raspeln und ca. 5 Minuten ruhen lassen. Die Kartoffel-Flüssigkeit ausdrücken und in die erste Schüssel hinzugeben.
3. Restliche Zutaten hinzugeben und mit einem Löffel gut vermischen.
4. In einer Pfanne reichlich Öl (Ölstand ca. 0,5 cm) erhitzen, je 2 EL Kartoffelmischung in die Pfanne geben, Draniki goldbraun ausbraten und auf Küchenpapier abtropfen lassen.

Kabatschkowyje oladuschki – Zucchinipuffer

Für 4–5 Portionen
ca. 50 Min.

1 kg Zucchini
2 TL Salz (aufgeteilt)
1 Bund Dill
130 g Zwiebeln
1 Knoblauchzehe
3 Eier
180 g Mehl
1 TL Pfeffer
Öl zum Braten
Saure Sahne/Schmand zum Servieren

1. Zucchini auf einer Reibe grob raspeln, 1 TL Salz zugeben, gut vermischen und ca. 10 Minuten ruhen lassen.
2. Währenddessen Dill klein hacken und in eine Schüssel geben. Zwiebeln schälen, auf einer Reibe fein raspeln und in die Schüssel hinzugeben.
3. Zucchinimasse gut ausdrücken und in die Schüssel hinzugeben.
4. Knoblauchzehe schälen und in die Schüssel pressen.
5. Eier, Mehl, Salz und Pfeffer hinzugeben und mit einem Löffel gut verrühren.
6. Etwas Öl in die Pfanne geben und bei mittlerer Hitze erwärmen.
7. Jeweils einen gehäuften EL Zucchinimasse in die Pfanne geben, von jeder Seite 3–4 Minuten backen und auf einem Stück Küchenpapier abtropfen lassen.
8. Oladuschki mit saurer Sahne oder Schmand servieren.

Mjasnoj pirog – Fleisch-Kuchen

Für 4–6 Personen
ca. 1 Std. 15 Min.

Für den Teig:
250 g Butter (Zimmertemperatur)
450 g Mehl
1 Ei
3 EL Schmand
½ Pk. Backpulver
2 TL Salz

Für die Füllung:
1 Stange Porree
250 g festkochende Kartoffeln
1 EL Öl
400 g gemischtes Hackfleisch
2 EL Schmand
Salz und Pfeffer nach Geschmack

1 Ei
2 EL Milch

1. Für den Teig alle Zutaten in eine große Schüssel geben und mit den Händen zu einem Teig verkneten. Teig in Frischhaltefolie einwickeln und für ca. 1 Stunde in den Kühlschrank stellen.
2. Währenddessen Porree putzen und in dünne Ringe schneiden. Kartoffeln schälen und in sehr dünne Scheiben schneiden.
3. In einer Pfanne Öl erhitzen und Hackfleisch krümelig braten. Porree, Schmand, Salz und Pfeffer hinzugeben, weitere 7 Minuten braten und anschließend abkühlen lassen.
4. Backofen auf 200 °C Ober-/Unterhitze (Umluft 180 °C) vorheizen und ein Backblech mit Backpapier auslegen.
5. Teig in zwei gleiche Teile trennen und rechteckig ausrollen.
6. Eine Teigschicht auf das Backblech geben, Kartoffeln darauf verteilen und mit Salz und Pfeffer würzen. Lauch-Hackfleisch-Mischung auf den Kartoffeln verteilen, mit der zweiten Teigschicht bedecken und die Ränder gut verschließen.
7. Ei und Milch verquirlen, Pirog damit bestreichen und ca. 45–50 Minuten goldbraun backen.

Tipp:
Diesen Kuchen könnt ihr auch mit Hähnchenbrustfilets oder mit Fisch zubereiten.

Pirozhki s jaizami – Teigtaschen mit Ei-Lauch-Füllung

Für 14–16 Stück
ca. 50 Min.

Für die Füllung:
8 Eier
1 Bund Lauch
1 TL Salz
½ TL Pfeffer

Für den Teig:
250 g Kefir
100 g Crème fraîche
1 Ei
600 g Mehl
1 Pk. Backpulver
2 TL Salz

Öl zum Braten

1. Für die Füllung Eier hart kochen und mit kaltem Wasser abschrecken. Abgekühlte Eier schälen, in Würfel schneiden und in eine Schüssel geben.
2. Lauch putzen und in dünne Ringe schneiden, in die Schüssel hinzugeben, gut vermischen und mit Salz und Pfeffer abschmecken.
3. Für den Teig alle Zutaten in eine große Schüssel geben und zu einem Teig verkneten (gegebenenfalls noch etwas mehr Mehl hinzugeben).
4. Teig zu einem Strang ausrollen, in 14–16 Stücke schneiden und zu Kugeln formen. Einzelne Kugeln dünn ausrollen (ca. 5 mm), ca. 2 EL Füllung auf den Teig geben und die Kanten gut zusammendrücken.
5. In einer Pfanne Öl (Ölstand ca. 1 cm) erhitzen, Pirozhki zuerst mit der Naht nach unten in die Pfanne geben, von beiden Seiten goldbraun ausbraten und auf einem Stück Küchenpapier abtropfen lassen.

Tipp:

Die Teigtaschen schmecken auch lecker mit Hackfleischfüllung (siehe Seite 128)

Pirozhki s mjasom – Teigtaschen mit Hackfleischfüllung (aus dem Ofen)

Für 14–16 Stück
ca. 1 Std. 30 Min.

Für den Teig:
250 ml Milch
½ Würfel Hefe
2 EL Zucker
500 g Mehl
2 TL Salz
80 g Sonnenblumenöl

Für die Füllung:
150 g Zwiebeln
1 Knoblauchzehe
2 EL Öl
500 g gemischtes Hackfleisch
1 TL Salz
½ TL Pfeffer

Zum Bestreichen:
1 Ei
2 EL Milch

1. Für den Teig Milch in der Mikrowelle oder einem kleinen Topf auf Körpertemperatur erwärmen (ca. 37 °C). Hefe und Zucker darin auflösen.
2. Mehl und Salz in einer großen Schüssel mischen, in der Mitte eine Mulde formen, Hefemischung zugießen und mit Mehl verrühren.
3. Sonnenblumenöl hinzugeben und zu einem geschmeidigen Teig verkneten. Teig abgedeckt an einem warmen Ort ca. 45 Minuten gehen lassen, bis sich sein Volumen verdoppelt hat.
4. In der Zwischenzeit für die Füllung Zwiebeln und Knoblauchzehe schälen und in kleine Würfel schneiden.
5. In einer Pfanne Öl erhitzen und Zwiebeln und Knoblauch glasig anbraten. Hackfleisch hinzugeben, krümelig braten, mit Salz und Pfeffer abschmecken und anschließend abkühlen lassen.
6. Teig zu einem Strang ausrollen, in 14–16 Stücke schneiden und zu Kugeln formen. Einzelne Kugeln dünn ausrollen (ca. 5 mm), je 2 EL Füllung auf den Teig geben und die Kanten gut zusammendrücken.
7. Pirozhki weitere 30 Minuten abgedeckt gehen lassen.
8. Währenddessen Backofen auf 200 °C Ober-/Unterhitze (Umluft 180 °C) vorheizen und ein Backblech mit Backpapier auslegen.

9. Ei und Milch verquirlen, Pirozhki damit bestreichen und ca. 20 Minuten goldbraun backen.

Tipp:

Die Teigtaschen schmecken auch lecker mit Ei-Lauch-Füllung (siehe Seite 126)

Tschebureki – Gebratene Teigtaschen mit Hackfleischfüllung

Für 14–16 Stück
ca. 1 Std. 30 Min.

Für den Teig:
500 g Mehl, Typ 550
250 ml Wasser
1 TL Sonnenblumenöl
1 TL Salz

Für die Füllung:
200 g Zwiebeln
100 ml Wasser
400 g gemischtes Hackfleisch
1 TL Salz
½ TL Pfeffer

Öl zum Braten

1. Für den Teig alle Zutaten in eine große Schüssel geben, zu einem Teig verkneten, in Frischhaltefolie einwickeln und ca. 1 Stunde ruhen lassen.
2. Für die Füllung Zwiebeln schälen, in mittlere Würfel schneiden und in eine große Schüssel geben. Restliche Zutaten hinzugeben und gut vermischen.
3. Teig zu einem Strang ausrollen, in 14–16 Stücke schneiden und zu Kugeln formen. Einzelne Kugeln dünn ausrollen (ca. 3 mm) und ca. 1–2 EL Füllung auf eine Hälfte des Kreises geben, gleichmäßig verteilen, in der Mitte falten, leicht platt drücken und die Kanten mit einer Gabel gut zusammendrücken.
4. In einer Pfanne Öl (Ölstand ca. 0,5 cm) erhitzen, Tschebureki in die Pfanne geben, von beiden Seiten goldbraun ausbraten und auf einem Stück Küchenpapier abtropfen lassen.

Tipp:

Tschebureki müssen dünn sein.

Beljaschi – Gebratene Teigtaschen mit Hackfleischfüllung

Für 15–18 Stück
ca. 2 Std.

Für den Teig:
250 ml Milch
1 Pk. Trockenhefe à 7 g
1 EL Zucker
400 g Mehl
1 TL Salz
40 g Butter (Zimmertemperatur)

Für die Füllung:
500 g gemischtes Hackfleisch
120 g Zwiebeln
30 g Wasser
1 TL Salz
½ TL Pfeffer

Öl zum Braten

1. Für den Teig Milch in der Mikrowelle oder einem kleinen Topf auf Körpertemperatur erwärmen (ca. 37 °C). Hefe und Zucker darin auflösen.
2. Mehl und Salz in einer großen Schüssel mischen, in der Mitte eine Mulde formen, Hefemischung zugießen und mit Mehl verrühren.
3. Butter hinzugeben und zu einem geschmeidigen Teig verkneten. Teig abgedeckt an einem warmen Ort ca. 45 Minuten gehen lassen, bis sich sein Volumen verdoppelt hat.
4. Für die Füllung Zwiebeln schälen, in mittlere Würfel schneiden und in eine Schüssel geben. Restliche Zutaten für die Füllung hinzugeben und gut vermischen.
5. Teig zu einem Strang ausrollen, in 15–18 Stücke schneiden und zu Kugeln formen. Einzelne Kugeln dünn ausrollen (ca. 5 mm) und ca. 1–2 EL Füllung in die Mitte geben, Ränder zur Mitte führen und miteinander flechten, die Mitte bleibt frei, d. h. das Hackfleisch ist zu sehen.
6. In einer Pfanne Öl (Ölstand ca. 1,5 cm) erhitzen. Beljaschi zuerst mit der offenen Seite nach unten in die Pfanne geben, von beiden Seiten goldbraun ausbraten und auf einem Stück Küchenpapier abtropfen lassen.

Sosiski w teste – Würstchen im Schlafrock

Für 16 Stück
ca. 1 Std. 10 Min.

Für den Teig:
250 ml Milch
½ Würfel Hefe
2 EL Zucker
500 g Mehl
2 TL Salz
80 g Sonnenblumenöl
16 Mini-Wiener-Würstchen
1 Ei
1 EL Milch

1. Für den Teig Milch in der Mikrowelle oder einem kleinen Topf auf Körpertemperatur erwärmen (ca. 37 °C). Hefe und Zucker darin auflösen.
2. Mehl und Salz in einer großen Schüssel mischen, in der Mitte eine Mulde formen, Hefemischung zugießen und mit Mehl verrühren.
3. Sonnenblumenöl hinzugeben und zu einem geschmeidigen Teig verkneten. Teig abgedeckt an einem warmen Ort ca. 45 Minuten gehen lassen, bis sich sein Volumen verdoppelt hat.
4. Backofen auf 200 °C Ober-/Unterhitze (Umluft 180 °C) vorheizen und Backblech mit Backpapier auslegen.
5. Teig zu einem Strang ausrollen, in 16 Stücke schneiden und zu Kugeln formen. Einzelne Kugeln dünn oval ausrollen (ca. 5 mm), je ein Mini-Wiener-Würstchen in die Mitte geben, den Teig im 45 °-Winkel mit ca. 1 cm Abstand einschneiden, die einzelnen Teigstränge abwechselnd über das Würstchen klappen.
6. Ei mit Milch verquirlen, Sosiski w teste damit bestreichen und ca. 20 Minuten goldbraun backen.

Saliwnoj pirog s ryboj – Fischkuchen

Für ca. 4–5 Portionen
ca. 1 Std.

Für den Teig:
40 g Butter (Zimmertemperatur)
400 g Kefir
3 Eier
1 TL Salz
1 TL Zucker
350 g Mehl
½ Pk. Backpulver

Für die Füllung:
200 g festkochende Kartoffeln
Salz und Pfeffer nach Geschmack
½ Bund Dill
400 g Fisch (z. B. Kabeljau oder Lachs)

Etwas Butter für die Auflaufform

1. Für den Teig Butter, Kefir, Eier, Salz und Zucker in eine Schüssel geben und mit einem Schneebesen verrühren. Mehl und Backpulver in die Schüssel durchsieben und mit einem Schneebesen verrühren.
2. Für die Füllung Kartoffeln schälen und in sehr dünne Scheiben oder kleine Würfel schneiden, mit Salz und Pfeffer würzen und zur Seite stellen.
3. Dill klein hacken. Fisch in kleine Würfel schneiden, mit Salz und Pfeffer würzen, mit Dill vermischen und zur Seite stellen.
4. Backofen auf 180 °C Ober-/Unterhitze (Umluft 160 °C) vorheizen und eine mittelgroße Auflaufform fetten.
5. Die Hälfte des Teigs in die Auflaufform geben, Kartoffeln und Fisch über den Teig verteilen. Den restlichen Teig darauf verteilen.
6. Pirog ca. 45 Minuten goldbraun backen (wenn erforderlich, mit Alufolie abdecken).

Pelmeni – Teigtaschen mit Hackfleischfüllung

Für 3–4 Portionen
ca. 1 Std. 15 Min.

Für den Teig:
500 g Mehl
1 ½ TL Salz
200 ml Wasser
1 Ei
2 EL Öl

Für die Füllung:
200 g Zwiebeln
500 g gemischtes Hackfleisch
1 TL Salz
¼ TL Pfeffer

Mehl zum Ausrollen
Etwas Butter zum Servieren
Schmand und Ketchup zum Servieren

1. Für den Teig Mehl und Salz in einer großen Schüssel vermischen. In der Mitte eine Mulde formen, Wasser und Ei zugeben und zu einem Teig verkneten. Öl zugeben und etwas weiter kneten. Teig in Frischhaltefolie einwickeln und ca. 30 Minuten ruhen lassen.
2. Für die Füllung Zwiebeln schälen, in kleine Würfel schneiden und in eine große Schüssel geben. Restliche Zutaten hinzugeben und vermischen.
3. Teig auf eine bemehlte Arbeitsfläche geben, in vier Teile schneiden und jeweils zu einem dünnen Strang ausrollen. Die Stränge in mehrere kleine Stücke schneiden (20–30), die Stücke durch Drücken zu einem Kreis formen und dünn ausrollen (ca. 3 mm).
4. In die Mitte jedes Kreises ca. 1 TL Füllung geben, in der Mitte falten, Kanten gut zusammendrücken und die äußeren Enden zusammenkleben.
5. Pelmeni in kochendes Salzwasser geben und ca. 10–15 Minuten kochen; wenn sie an der Oberfläche schwimmen, weitere 3 Minuten köcheln lassen.
6. Fertige Pelmeni mit einem Schaumlöffel herausnehmen, in eine Schüssel geben und in etwas Butter schwenken.
7. Pelmeni mit Schmand oder Ketchup servieren.

Tipp:

Pelmeni lassen sich noch schneller mit einem Pelmeni-Formeisen formen.

Sie lassen sich zudem hervorragend auf Vorrat einfrieren. Hierfür die ungekochten Pelmeni auf einem Backpapier verteilen und ins Gefrierfach geben. Auf diese Weise Pelmeni schichtweise stapeln, bis das Gefrierfach voll ist. Sobald die Pelmeni gefroren sind, portionsweise in Gefriertüten verteilen.

Manty – Asiatische Teigtaschen

Für 3–4 Portionen
ca. 1 Std. 20 Min.

Für den Teig:
200 ml Wasser
1 Ei
1 TL Salz
500 g Mehl

Für die Füllung:
300 g Zwiebeln
700 g gemischtes Hackfleisch
1 TL Salz
¼ TL Pfeffer
1 l Wasser

Öl für die Einlegeböden des Dampfkochtopfs
Saure Sahne/Schmand zum Servieren.

Dampfkochtopf (Mantowarka)

1. Für den Teig Wasser, Ei und Salz in eine Schüssel geben und mit einem Schneebesen verrühren. Mehl in die Schüssel sieben und zu einem Teig verkneten. Teig in Frischhaltefolie einwickeln und ca. 30 Minuten ruhen lassen.
2. Für die Füllung Zwiebeln schälen, in mittlere Würfel schneiden und in eine große Schüssel geben. Restliche Zutaten hinzugeben und vermischen.
3. Teig in 4 Teile schneiden, dünn ausrollen (ca. 3 mm) und mit einer runden Form Kreise ausstechen (ca. 10 cm Durchmesser). In die Mitte des Kreises ca. 1 EL Fleisch-Füllung geben. Teig auf beiden Seiten hochklappen und in der Mitte auf ca. 3 cm Länge zusammenkleben, die Enden hochklappen und quer zum Mittelteil T-förmig verbinden, Enden aneinanderpressen, sodass ein Kreis entsteht.
4. Wasser in den Dampfkochtopf füllen. Einlegeböden des Dampfkochtopfs mit Öl fetten, Manty hineingeben und ca. 35–40 Minuten garen.
5. Manty mit saurer Sahne/Schmand servieren.

Tipp:

Für eine vegetarische Füllung ca. 700 g Kartoffeln oder Kürbis in kleine Würfel schneiden, mit Salz und Pfeffer abschmecken.
Ogonek passt ebenfalls hervorragend zu Manty (siehe Seite 56).

Wareniki – Gefüllte Teigtaschen

Für 3–4 Portionen
ca. 1 Std.

Für den Teig:
500 g Mehl
1 TL Salz
200 ml Wasser
1 Ei
2 EL Öl

Für die Füllung:
700 g mehligkochende Kartoffeln
1 TL Salz
500 g Wasser
100 g Zwiebeln
40 g Butter
1 TL Salz

Etwas Butter zum Servieren
Saure Sahne oder Schmand zum Servieren

1. Für den Teig Mehl und Salz in eine große Schüssel geben und vermischen. In der Mitte eine Mulde formen, Wasser und Ei zugeben und zu einem Teig verkneten. Öl zugeben und etwas weiter kneten. Teig in Frischhaltefolie einwickeln und ca. 30 Minuten ruhen lassen.
2. Für die Füllung Kartoffeln schälen, in gesalzenem Wasser gar kochen, stampfen.
3. Zwiebeln schälen und in feine Würfel schneiden.
4. In einer Pfanne Butter erhitzen, Zwiebeln hinzugeben und glasig braten. Zwiebeln zum Kartoffelstampf hinzugeben und gut vermischen.
5. Teig in 4 Teile schneiden, dünn ausrollen (ca. 3 mm) und mit einem Glas Kreise ausstechen. In die Mitte jedes Kreises ca. 1 TL Füllung geben, in der Mitte falten und Kanten zusammendrücken.
6. Wareniki in kochendes Salzwasser geben und ca. 10–15 Minuten kochen; wenn sie an der Oberfläche schwimmen, weitere 3 Minuten köcheln lassen.
7. Fertige Wareniki mit einem Schaumlöffel herausnehmen, in eine Schüssel geben und in etwas Butter schwenken.
8. Wareniki mit saurer Sahne/Schmand servieren.

Tipp:

Für eine Tworogfüllung einfach 2 Päckchen Russischer Tworog à 275 g (russischer Frischkäse), 1 Ei und 2–3 EL Zucker vermischen.

Für eine Kirschfüllung braucht man 2 Gläser Sauerkirschen (Abtropfgewicht 720 ml) und 100 g Zucker.

Kirschen gut abtropfen lassen, 2 bis 3 Kirschen in die Mitte jedes Kreises geben und mit etwas Zucker bestreuen.

Wareniki lassen sich zudem hervorragend auf Vorrat einfrieren.

Leniwyje wareniki – Wareniki für Faule

Für 3–4 Portionen
ca. 30 Min.

2 Eier
50 g Zucker (gegebenenfalls etwas mehr)
1 Pk. Vanillezucker
25 g Butter (Zimmertemperatur)
2 gehäufte EL Grieß
220 g Mehl + etwas mehr für die Arbeitsfläche
1 Pk. Russischer Tworog à 275 g (russischer Frischkäse)

Butter zum Servieren
Schmand oder Marmelade zum Servieren

1. Eier, Zucker, Vanillezucker und Butter in eine Schüssel geben und mit einem Schneebesen vermischen. Restliche Zutaten hinzugeben und zu einem Teig verkneten.
2. Teig auf eine gut bemehlte Arbeitsfläche geben und von Hand weiter kneten, bis der Teig nicht mehr an den Händen klebt.
3. Teig in zwei Teile schneiden, jeweils zu einem dünnen Strang ausrollen, die Stränge in mehrere kleine Stücke (ca. 25–30) schneiden.
4. Leniwyje wareniki in kochendes Salzwasser geben und ca. 10–15 Minuten kochen. Wenn sie an der Oberfläche schwimmen, weitere 3 Minuten köcheln lassen.
5. Fertige leniwyje wareniki mit einem Schaumlöffel herausnehmen, in eine Schüssel geben und in etwas Butter schwenken.
6. Leniwyje wareniki mit Schmand oder Marmelade servieren.

Tipp:

Ihr könnt leniwyje wareniki auch mit verschiedenen Früchten, zum Beispiel Erdbeeren, servieren.

Deserty i sladosti – Desserts und Süßigkeiten

Krepli – Rollkuchen

Für 5–6 Portionen
ca. 1 Std. 10 Min.

250 g Kefir
2 EL Sonnenblumenöl
1 Ei
70 g Zucker
½ TL Salz
450 g Mehl + etwas mehr für die Arbeitsfläche
1 Pk. Backpulver
Öl zum Braten und für die Arbeitsfläche

1. Kefir in der Mikrowelle oder einem kleinen Topf auf Körpertemperatur erwärmen (ca. 37 °C) und in eine große Schüssel geben.
2. Ei, Zucker und Salz hinzugeben und mit einem Schneebesen verrühren.
3. Mehl und Backpulver in die Schüssel durchsieben und zu einem Teig verkneten.
4. Teig auf eine bemehlte Arbeitsfläche geben, etwas weiter kneten, zu einer Kugel formen und ca. 30 Minuten abgedeckt ruhen lassen.
5. Teig auf einer leicht geölten Arbeitsfläche dünn ausrollen (ca. 1 cm dick) und in Rauten schneiden. Jeweils einen Schlitz in die Rauten einschneiden und ein Ende durch den Schlitz ziehen.
6. In einer Pfanne Öl (Ölstand ca. 1,5 cm) erhitzen, Krepli in die Pfanne geben, von beiden Seiten goldbraun ausbraten und auf einem Stück Küchenpapier abtropfen lassen.

Tipp:

Krepli mit gezuckerter Kondensmilch oder Marmelade servieren. Wir essen Krepli z. B. gerne zu Wassermelone.

Watruschki – Russische Quarktaschen

Für 16 Stück
ca. 1 Std. 30 Min.

Für den Teig:
220 ml Milch
1 Würfel Hefe
80 g Zucker
500 g Mehl
½ TL Salz
80 g Butter (Zimmertemperatur)
1 Ei

Für die Füllung:
500 g Magerquark
1 Pk. Puddingpulver Vanille
2 Pk. Vanillezucker
80 g Zucker

Zum Bestreichen:
1 Ei
2 EL Milch

1. Für den Teig Milch in der Mikrowelle oder einem kleinen Topf auf Körpertemperatur erwärmen (ca. 37 °C). Hefe und Zucker darin auflösen.
2. Mehl und Salz in einer großen Schüssel mischen, in der Mitte eine Mulde formen, Hefemischung zugießen und mit Mehl verrühren.
3. Butter und Ei hinzugeben und zu einem geschmeidigen Teig verkneten. Teig abgedeckt an einem warmen Ort ca. 45 Minuten gehen lassen, bis sich sein Volumen verdoppelt hat.
4. Für die Füllung alle Zutaten in einer Schüssel vermischen.
5. Teig zu einem Strang ausrollen, in 16 Stücke schneiden, zu Kugeln formen und weitere 20 Minuten abgedeckt gehen lassen.
6. Backofen auf 170 °C Umluft vorheizen und zwei Backbleche mit Backpapier auslegen.
7. Mithilfe eines Glasbodens eine Mulde in jede Teigkugel drücken und jeweils ca. 1 EL Quarkfüllung hineingeben.
8. Ei mit Milch verquirlen, Watruschki damit bestreichen und ca. 20–25 Minuten goldbraun backen.

Tipp:

Am besten schmecken Watruschki lauwarm.

Wenn man sie nach dem Auskühlen kurz in der Mikrowelle erwärmt, schmecken sie wieder frisch.

Plüschki – Süße Hefebrötchen

Für 16 Stück
ca. 1 Std. 15 Min.

220 ml Milch
1 Würfel Hefe
80 g Zucker
500 g Mehl
½ TL Salz
80 g Butter (Zimmertemperatur)
1 Ei

Etwas Sonnenblumenöl
Etwas Zucker

Zum Bestreichen:
1 Ei
2 EL Milch

1. Für den Teig Milch in der Mikrowelle oder einem kleinen Topf auf Körpertemperatur erwärmen (ca. 37 °C). Hefe und Zucker darin auflösen.
2. Mehl und Salz in einer großen Schüssel mischen, in der Mitte eine Mulde formen, Hefemischung zugießen und mit Mehl verrühren.
3. Butter und Ei hinzugeben und zu einem geschmeidigen Teig kneten. Teig abgedeckt an einem warmen Ort ca. 45 Minuten gehen lassen, bis sich sein Volumen verdoppelt hat.
4. Teig zu einem Strang ausrollen, in 16 Stücke schneiden, zu Kugeln formen und dünn ausrollen (ca. 5 mm).
5. Teig mit Sonnenblumenöl bestreichen, mit Zucker bestreuen und aufrollen. Die Rolle einmal knicken, vom Knick zu den offenen Enden hin etwa ⅔ weit einschneiden, entlang des Schnittes nach rechts und links aufklappen und herzförmig auf das Backblech legen.
6. Plüschki noch weitere 20 Minuten abgedeckt gehen lassen.
7. Währenddessen Backofen auf 190 °C Ober-/Unterhitze (Umluft 170 °C) vorheizen und Backblech mit Backpapier belegen.
8. Ei mit Milch verquirlen, Plüschki damit bestreichen und ca. 20–25 Minuten goldbraun backen.

Pirozhki s jablokami – Teigtaschen mit Apfelfüllung

Für 10–12 Stück
ca. 2 Std.

Für den Teig:
250 ml Milch
1 Würfel Hefe
100 g Zucker
1 Pk. Vanillezucker
500 g Mehl
½ TL Salz
70 g Butter
(Zimmertemperatur)
1 Ei

Für die Füllung:
600 g Äpfel
50 g Butter
50 g Zucker
1 TL Zimt

Zum Bestreichen:
1 Ei
3 EL Milch

1. Für den Teig Milch in der Mikrowelle oder einem kleinen Topf auf Körpertemperatur erwärmen (ca. 37 °C). Hefe, Zucker und Vanillezucker darin auflösen.
2. Mehl und Salz in einer großen Schüssel mischen, in der Mitte eine Mulde formen, Hefemischung zugießen und mit Mehl verrühren.
3. Butter und Ei hinzugeben und zu einem geschmeidigen Teig kneten. Teig abgedeckt an einem warmen Ort ca. 45 Minuten gehen lassen, bis sich sein Volumen verdoppelt hat.
4. Währenddessen Äpfel schälen, entkernen und in mittlere Würfel schneiden.
5. Butter in die Pfanne geben und bei mittlerer Hitze erwärmen. Äpfel, Zucker und Zimt hinzugeben, ca. 10 Minuten dünsten und anschließend abkühlen lassen.
6. Teig zu einem Strang ausrollen, in 10–12 Stücke schneiden und zu Kugeln formen. Die einzelnen Kugeln dünn ausrollen (ca. 5 mm) und je 2 EL Füllung auf den Teig geben und die Kanten gut zusammendrücken.
7. Pirozhki weitere 20 Minuten abgedeckt gehen lassen.
8. Währenddessen Backofen auf 180 °C Ober-/Unterhitze (Umluft 160 °C) vorheizen und ein Backblech mit Backpapier auslegen.
9. Ei und Milch verquirlen, Pirozhki damit bestreichen und ca. 25 Minuten goldbraun backen.

Ponchiki – Russische Donuts

Für 12 Stück
2 Std.

160 ml Milch
½ Würfel Hefe
1 Pk. Vanillezucker
80 g Zucker
400 g Mehl + etwas mehr für die Arbeitsfläche
½ TL Salz
50 g Butter (Zimmertemperatur)
1 Ei
Etwa 300 ml Sonnenblumenöl zum Braten

1. Für den Teig Milch in der Mikrowelle oder einem kleinen Topf auf Körpertemperatur erwärmen (ca. 37 °C). Hefe, Zucker und Vanillezucker darin auflösen.
2. Mehl und Salz in einer großen Schüssel mischen, in der Mitte eine Mulde formen, Hefemischung zugießen und mit Mehl verrühren.
3. Butter und Ei hinzugeben und zu einem geschmeidigen Teig kneten. Teig abgedeckt an einem warmen Ort ca. 45 Minuten gehen lassen, bis sich sein Volumen verdoppelt hat.
4. Teig auf eine bemehlte Arbeitsfläche geben, zu einem Strang ausrollen, in 12 Stücke schneiden und zu Kugeln formen. Jeweils in die Mitte einer Kugel mit einem bemehltem Kochlöffelstiel ein Loch machen, einen Donut formen und weitere 45 Minuten abdeckt gehen lassen.
5. Die Löcher der Donuts weiten, wenn sie eng zusammengewachsen sind.
6. In einem Topf Sonnenblumenöl bei mittlerer Stufe erhitzen. Ponchiki von beiden Seiten goldbraun ausbacken und auf einem Stück Küchenpapier abtropfen lassen.

Tipp:

Ponchiki mit Puderzucker servieren.

Tworozhnyje ponchiki – Quarkbällchen

Für 3–4 Portionen
ca. 25 Min.

4 Eier
250 g Zucker + etwas mehr zum Wälzen
500 g Magerquark
500 g Mehl
1 Pk. Vanillezucker
1 Pk. Backpulver
1 TL Salz
Öl zum Frittieren

1. Eier und Zucker in einer Rührschüssel mit dem Mixer verrühren.
2. Die restlichen Zutaten hinzugeben und mit einem Mixer verrühren.
3. In einem Topf Sonnenblumenöl bei mittlerer Stufe erhitzen.
4. Mit einem Esslöffel oder einem Eiskugelportionierer etwas Teig hineingeben. Ggf. einen zweiten Esslöffel zum Abstreichen des Teiges verwenden.
5. Ponchiki auf einem Stück Küchenpapier abtropfen lassen. Anschließend in Zucker wälzen.

Tipp:
Ponchiki schmecken warm am besten.

Oreschki – Süße Nüsse

Für 8–10 Portionen
ca. 50 Min.

Für den Teig:
200 g Margarine
100 g Zucker
2 Eier
1 Prise Salz
450 g Mehl
1 TL Backpulver

Für die Füllung:
1 Dose gezuckerte Kondensmilch (Karamell)
100 g Mascarpone

Zubehör:
Zaubernuss-Eisen

1. Für den Teig Margarine, Zucker, Eier und Salz in eine große Schüssel geben und mit einem Mixer vermischen. Mehl und Backpulver durchsieben und zu einem Teig kneten.
2. Zaubernuss-Eisen vorheizen.
3. Teig in kleine Stückchen à ca. 5 g teilen und zu Kugeln formen.
4. Kugeln im Zaubernuss-Eisen zu Nusshälften backen und abkühlen lassen. Überstehende Teigreste mit einem Messer abschneiden und zur Seite stellen.
5. Für die Füllung gezuckerte Kondensmilch, Mascarpone und abgeschnittene Teigreste mit einem Löffel vermischen.
6. Die Füllung in die Nusshälften geben und sie zu einer ganzen Nuss zusammenkleben.

Sladkaja kartoschka – Süße Kartoffeln

Für 6 Portionen
ca. 50 Min. +
2 Std. Kühlzeit

Für den Biskuit:
3 Eier
1 Prise Salz
120 g Zucker (aufgeteilt)
75 g Mehl
15 g Speisestärke
1 Pk. Backpulver

Für die Creme:
130 g Butter
(Zimmertemperatur)
50 g Puderzucker
80 g gezuckerte
Kondensmilch
(z. B. Milchmädchen)
1 EL Cognac (optional)

2 EL Backkakao
2 EL Puderzucker

Zubehör:
Blender

1. Backofen auf 200 °C Ober-/Unterhitze (Umluft 180 °C) vorheizen und ein Backblech mit Backpapier auslegen.
2. Eier trennen. Eiweiße mit einer Prise Salz in einer Rührschüssel mit dem Mixer schaumig schlagen. 75 g Zucker hinzugeben und steif schlagen.
3. Eigelbe und 45 g Zucker in einer weiteren Rührschüssel mit dem Mixer verrühren. Mehl, Speisestärke und Backpulver in die Schüssel durchsieben und mit dem Mixer auf niedrigster Stufe unterrühren.
4. Eiweiße vorsichtig unterheben.
5. Teig auf das Backblech geben, gut verteilen und ca. 15 Minuten backen.
6. Temperatur auf 150 °C Ober-/Unterhitze (Umluft 130 °C) reduzieren, Biskuit mit den Händen in kleine Teile reißen, weitere 25 Minuten backen und anschließend gut abkühlen lassen.
7. Für die Füllung Butter und Puderzucker in einer Schüssel mit dem Mixer verrühren. Gezuckerte Kondensmilch und Cognac hinzugeben und mit dem Mixer verrühren.
8. Biskuit in einem Blender mahlen, zur Creme hinzugeben, gut verrühren und aus der Masse Kartoffeln formen.
9. Puderzucker und Backkakao auf einem Teller vermischen, Kartoffeln darin wälzen und für ca. 2 Stunden in den Kühlschrank stellen.

Tipp:

Wenn es schnell gehen muss, kann man anstelle des Biskuits 300–400 g Butterkekse mahlen.

Sladkaja kolbaska – Süße Wurst

Für eine süße Wurst
ca. 20 Min. +
3 Std. Kühlzeit

250 g Butterkekse (aufgeteilt)
100 g Nüsse nach Wahl (z. B. Walnüsse)
80 g Butter (Zimmertemperatur)
1 TL Puderzucker
2 EL Backkakao
150 g gezuckerte Kondensmilch (z. B. Milchmädchen)
50 g Zartbitterschokolade

Zubehör:
Blender

1. 100 g Butterkekse und die Nüsse grob hacken und zur Seite stellen.
2. Butter, Puderzucker, Backkakao und gezuckerte Kondensmilch in einer Rührschüssel mit dem Mixer verrühren.
3. Die restlichen 150 g Butterkekse in einen Blender geben, fein mahlen und in die Schüssel hinzugeben.
4. Schokolade auf einer Reibe grob raspeln und in die Schüssel zugeben.
5. Gehackte Butterkekse und Walnüsse in die Schüssel hinzugeben und mit einem Löffel gut vermischen.
6. Schokomasse auf Frischhaltefolie geben, zu einer »Wurst« fest zusammenrollen und für ca. 3 Stunden in den Kühlschrank stellen.

Tipp:

Wenn es schneller gehen muss, einfach die Schokowurst ins Gefrierfach legen.

Joschiki – Igelchen

Für 10–12 Stücke
ca. 50 Min. +
5 Std. Kühlzeit

Für den Teig:
6 Eier
200 g Zucker
250 g Margarine
200 g Schmand
480 g Mehl
1 Pk. Backpulver

Für die Creme:
200 g Butter
(Zimmertemperatur)
1 Dose gezuckerte
Kondensmilch
(z. B. Milchmädchen)

1. Backofen auf 200 °C Ober-/Unterhitze (Umluft 180 °C) vorheizen und die Fettwanne mit Backpapier auslegen.
2. Eier und Zucker in einer Rührschüssel mit dem Mixer auf höchster Stufe schaumig schlagen.
3. Margarine, Schmand, Mehl und Backpulver hinzugeben und mit einem Mixer verrühren.
4. Teig in die Fettwanne geben, ca. 20 Minuten goldgelb backen und abkühlen lassen.
5. Für die Creme Butter und gezuckerte Kondensmilch in einer Rührschüssel mit einem Mixer verrühren.
6. Mit einem Glas kleine Kreise aus dem Teig stechen. Aus den Ausstechresten mit den Händen Krümel machen.
7. Jeden Kreis mit Creme bestreichen, einen zweiten Kreis darauf setzen. Den Joschik von oben und an den Seiten mit Creme bestreichen, mit Krümeln bestreuen und die Joschiki für ca. 5 Stunden im Kühlschrank durchziehen lassen. Joschiki ca. 1 Stunde vor dem Servieren aus dem Kühlschrank nehmen.

Tipp:

Man kann Joschiki auch nur aus einem Kreis herstellen.

Persiki – Süße Pfirsiche

Für 5–6 Personen
ca. 1 Std. +
6–8 Std. Kühlzeit

Für die Farbe:
1 rohe Rote Bete
1 rohe Karotte

Für den Teig:
2 Eier
180 g Zucker + etwa mehr zum Wälzen
40 g Schmand
70 g Butter (Zimmertemperatur)
470 g Mehl + etwas mehr für die Arbeitsfläche
1 TL Backpulver

Für die Füllung:
1 Dose gezuckerte Kondensmilch (Karamell)

1. Rote Bete und Karotte schälen und jeweils mit der Reibe fein raspeln, Saft ausdrücken und zur Seite stellen.
2. Für den Teig Eier und Zucker in einer Rührschüssel mit dem Mixer schaumig schlagen. Schmand und Butter hinzugeben und mit dem Mixer verrühren. Mehl und Backpulver hinzugeben und zu einem Teig verkneten.
3. Teig auf eine bemehlte Arbeitsfläche geben und etwas von Hand weiter kneten. Teig in Frischhaltefolie einwickeln und für ca. 30 Minuten in den Kühlschrank stellen.
4. Währenddessen Backofen auf 190 °C Ober-/Unterhitze (170 °C Umluft) vorheizen und ein Backblech mit Backpapier auslegen.
5. Aus dem Teig kleine gleich große Kugeln formen, mit ca. 3 cm Abstand auf das Backblech geben, ca. 12–15 Minuten backen und abkühlen lassen.
6. Solange die Kugeln noch nicht komplett abgekühlt sind, mit einem Teelöffel die Kugeln aushöhlen, Überreste in eine Schüssel füllen.
7. Für die Füllung gezuckerte Kondensmilch in die Schüssel zu den Teigresten geben und gut vermischen. Füllung in Kugel geben und zu einem Pfirsich zusammensetzen.
8. Auf einem Teller Zucker verteilen. Persiki im Saft der Karotte und Roten Bete je von einer Seite gelb und rot färben und anschließend in Zucker wälzen.
9. Persiki für 6–8 Stunden in den Kühlschrank stellen.

Tipp:

Anstelle natürlicher Farbstoffe kann auch Lebensmittelfarbe benutzt werden. Hierfür einfach gelbe und rote Lebensmittelfarbe mit Wasser oder Apfelsaft vermischen.

Trubotschki s kremom – Russische Schaumlocken

Für 22–24 Stück
ca. 1 Std.

2 Rollen Blätterteig à 275 g
1 Eigelb
2 EL Milch

Für die Creme:
300 g Butter (Zimmertemperatur)
300 g gezuckerte Kondensmilch (z. B. Milchmädchen)

Zubehör:
Trubotschki-Backformen

1. Backofen auf 200 °C Ober-/Unterhitze (180 °C Umluft) vorheizen.
2. Jede Blätterteigrolle in ca. 12 Stücke teilen und die Trubotschki-Backformen damit einwickeln.
3. Eigelb und Milch verquirlen, Blätterteig damit bestreichen, ca. 20–25 Minuten goldgelb backen und abkühlen lassen.
4. Für die Füllung Butter in einer Rührschüssel mit dem Mixer auf höchster Stufe aufschlagen. Gezuckerte Kondensmilch portionsweise hinzugeben und weiter schlagen, bis eine homogene Creme entsteht.
5. Buttercreme in einen Spitzbeutel geben und die Trubotschki damit befüllen.

Tipp:
Trubotschki mit Puderzucker besieben und servieren.

Belyje pjaniki – Weiße Lebkuchen

Für 30–35 Stück
ca. 1 Std. 10 Min.

Für den Teig:
1 Ei
1 Eigelb
125 g Zucker
1 Pk. Vanillezucker
200 g Schmand
125 g Butter (Zimmertemperatur)
400 g Mehl
1 Pk. Backpulver
Öl zum Formen

Für die Glasur:
125 g Puderzucker
1 Eiweiß
½ TL Zitronensaft

1. Ei, Eigelb, Zucker und Vanillezucker in einer Rührschüssel mit dem Mixer verrühren. Restliche Zutaten hinzugeben und zu einem Teig verkneten.
2. Teig in Frischhaltefolie einwickeln und für ca. 30 Minuten in den Kühlschrank legen.
3. Backofen auf 180 °C Ober-/Unterhitze (160 °C Umluft) vorheizen und Backblech mit Backpapier auslegen.
4. Hände ölen, kleine Stücke vom Teig abreißen, zu Kugeln formen und auf das Backblech geben.
5. Prjaniki ca. 20–25 Minuten goldbraun backen, abkühlen lassen und in eine tiefe Schüssel geben.
6. Für die Glasur alle Zutaten in einer Rührschüssel mit dem Mixer auf höchster Stufe vermischen.
7. Glasur in die Schüssel zu den Prjaniki geben, gut vermischen und zum Trocknen auf einem Küchengitter ablegen.

Gusinyje lapki – Quarkplätzchen »Gänsefüßchen«

Für 6–8 Portionen
ca. 1 Std.

200 g Körniger Frischkäse
1 Ei
100 g Butter (Zimmertemperatur)
1 Pk. Vanillezucker
300 g Mehl
1 TL Backpulver
ca. 60 g Zucker

1. Körnigen Frischkäse, Ei, Butter und Vanillezucker in einer Rührschüssel mit dem Mixer verrühren.
2. Mehl und Backpulver zugeben und zu einem Teig verkneten.
3. Teig in Frischhaltefolie einwickeln und für ca. 30 Minuten in den Kühlschrank stellen.
4. Backofen auf 200 °C Ober-/Unterhitze (180 °C Umluft) vorheizen und zwei Backbleche mit Backpapier auslegen.
5. Teig in 2 Teile schneiden, dünn ausrollen (ca. 5 mm) und mit einem Glas Kreise ausstechen.
6. Zucker auf einem Teller verteilen. Teigkreise mit einer Seite in den Zucker tunken, in der Mitte zu einem Halbmond falten. Den Halbmond von einer Seite in den Zucker tunken. Den Halbmond noch einmal in der Mitte falten und mit der oberen Seite in den Zucker tunken.
7. Gusinyje Lapki ca. 20–25 Minuten goldgelb backen.

Kulitsch – Osterbrot

Für 2 Kulitschi
ca. 4 Std.

Für den Vorteig:
50 g Mehl
240 ml Milch
½ Würfel Hefe
20 g Zucker

Für den Teig:
150 g Rosinen
etwas heißes Wasser
2 TL geriebene Zitronenschale
2 Eier
3 Eigelb
120 g Zucker
2 Pk. Vanillezucker
1 TL Salz
650 g Mehl
120 g Butter (Zimmertemperatur)

Für die Glasur:
200 g Puderzucker
1 Eiweiß
½ TL Zitronensaft

Zubehör:
2 Kulitsch-Formen à 16 cm

1. Das Mehl für den Vorteig durchsieben.
2. Für den Vorteig Milch in der Mikrowelle oder einem kleinen Topf auf Körpertemperatur erwärmen (ca. 37 °C). Hefe und Zucker darin auflösen. Mehl hinzugeben und gut verrühren. Vorteig abgedeckt an einem warmen Ort ca. 1 Stunde gehen lassen, bis sich sein Volumen verdoppelt hat.
3. Rosinen mit heißem Wasser übergießen und ca. 3 Minuten ziehen lassen. Wasser abgießen. Zitronenschale hinzugeben und vermischen.
4. Eier, Eigelbe, Zucker, Vanillezucker und Salz in einer Rührschüssel mit dem Mixer verrühren. Den Vorteig zugeben und verrühren.
5. Die Hälfte des Mehls für den Teig in die Schüssel durchsieben und verrühren. Restliches Mehl in die Schüssel durchsieben, Rosinen und Butter hinzugeben und zu einem geschmeidigen Teig verkneten.
6. Teig abgedeckt an einem warmen Ort ca. 2 Stunden gehen lassen, bis sich sein Volumen verdoppelt hat.
7. Teig in Kulitsch-Formen geben und weitere 30 Minuten abgedeckt gehen lassen.
8. Währenddessen Backofen auf 180 °C Ober-/Unterhitze (160 °C Umluft) vorheizen.
9. Kulitschi ca. 35 Minuten backen; nach 25 Minuten mit Alufolie abdecken und abkühlen lassen.

10. Alle Zutaten für die Glasur in einer Schüssel mit einem Schneebesen verrühren.
11. Kulitschi mit der Glasur von oben bestreichen und diese fest werden lassen.

Tipp:

Kulitsch kann man mit bunten Streuseln verzieren, solange die Glasur noch nicht komplett fest ist.

Wenn ihr andere Kulitsch-Formen benutzt, müsst ihr gegebenenfalls die Backzeit anpassen (Garprobe mit einem Holzstäbchen).

Wafli – Waffeln

Für ca. 10 Stück
ca. 1 Std.

4 Eier, getrennt
1 Prise Salz
125 g Butter (Zimmertemperatur)
100 g Zucker
1 Pk. Vanillezucker
250 g Kefir
250 g Mehl
1 TL Backpulver
Etwas Öl zum Einfetten

Zubehör:
Waffeleisen

1. Eiweiße mit einer Prise Salz in einer Rührschüssel mit dem Mixer steif schlagen.
2. Butter, Eigelbe, Zucker und Vanillezucker in einer weiteren Rührschüssel mit dem Mixer verrühren. Kefir, Mehl und Backpulver hinzugeben und mit dem Mixer verrühren.
3. Eiweiße mit einem Spatel unterheben.
4. Waffeleisen erhitzen und anschließend mit Öl fetten.
5. Teig portionsweise im Waffeleisen goldgelb backen.

Tipp:
Waffeln mit Schlagsahne, Eis oder Puderzucker servieren.

Rogaliki – Hörnchen

Für 32 Stück
ca. 2 Std.

200 g Butter (Zimmertemperatur)
100 g Zucker
200 g Schmand
½ Pk. Backpulver
1 Prise Salz
350 g Mehl + etwas mehr für die Arbeitsfläche
Puderzucker zum Wälzen

1. Butter und Zucker in einer Rührschüssel mit dem Mixer verrühren.
2. Die restlichen Zutaten hinzugeben und zu einem geschmeidigen Teig verkneten.
3. Teig in Frischhaltefolie einwickeln und für ca. 1 Stunde in den Kühlschrank stellen.
4. Währenddessen Backofen auf 200°C Ober-/Unterhitze (180 °C Umluft) vorheizen und Backblech mit Backpapier auslegen.
5. Teig halbieren und jede Hälfte auf leicht bemehlter Arbeitsfläche zu einer runden Platte ausrollen. Teigplatte in 16 Tortenstücke schneiden. Jedes Teigstück von der breiten Seite her zu einem Hörnchen aufrollen, auf das Backblech legen und ca. 20 Minuten backen.
6. In Puderzucker wälzen und abkühlen lassen.

Tipp:

Ihr könnt die Teigstücke vor dem Einrollen mit Schokoladencreme bestreichen.

Sotschni – Teigtaschen mit Quarkfüllung

Für ca. 16 Stück
ca. 2 Std.

Für den Teig:
150 g Butter (Zimmertemperatur)
100 g Zucker
1 Pk. Vanillezucker
2 Eier
50 g Schmand
½ Pk. Backpulver
400 g Mehl + etwas mehr für die Arbeitsfläche

Für die Füllung:
1 Pk. Russischer Tworog à 275 g (Russischer Frischkäse)
50 g Zucker
1 Pk. Vanillezucker
20 g Schmand
30 g Mehl
1 Eiweiß

Zum Bestreichen:
1 Eigelb
3 EL Milch

1. Butter, Zucker, Vanillezucker und Eier in einer Rührschüssel mit dem Mixer verrühren.
2. Die restlichen Zutaten hinzugeben und zu einem geschmeidigen Teig verkneten.
3. Teig in Frischhaltefolie einwickeln und für ca. 1 Stunde in den Kühlschrank stellen.
4. Alle Zutaten für die Füllung in einer Schüssel zu einer homogenen Masse mit einer Gabel verrühren.
5. Backofen auf 200 °C Ober-/Unterhitze (180 °C Umluft) vorheizen und Backblech mit Backpapier auslegen.
6. Teig dünn ausrollen (0,5 cm) und Kreise von ca. 8 cm Durchmesser ausstechen.
7. Ca. 1 gehäuften EL Füllung auf eine Hälfte des Kreises geben, gleichmäßig verteilen, in der Mitte falten, andere Hälfte des Kreises über die Füllung legen und leicht platt drücken.
8. Eigelb mit Milch verquirlen, Sotschni damit bestreichen und ca. 20–25 Minuten goldbraun backen.

Tipp:
Sotschni mit Puderzucker bestreuen.

Sladkije bulotschki – Süße Brötchen

Für 12–15 Stück
ca. 2 Std. 20 Min.

Für den Teig:
300 ml Milch
1 Würfel Hefe
100 g Zucker
1 Pk. Vanillezucker
600 g Mehl
1 TL Salz
80 g Butter (Zimmertemperatur)
Öl für die Auflaufform

Zum Bestreichen:
1 Eigelb
2 EL Milch

Für die Streusel:
20 g Butter (Zimmertemperatur)
40 g Zucker
60 g Mehl

1. Für den Teig Milch in der Mikrowelle oder einem kleinen Topf auf Körpertemperatur erwärmen (ca. 37 °C). Hefe, Zucker und Vanillezucker darin auflösen.
2. Mehl und Salz in einer großen Schüssel mischen, in der Mitte eine Mulde formen, Hefemischung zugießen und mit Mehl verrühren.
3. Butter hinzugeben und zu einem geschmeidigen Teig verkneten. Teig abgedeckt an einem warmen Ort ca. 45 Minuten gehen lassen, bis sich sein Volumen verdoppelt hat.
4. Eine mittlere Auflaufform fetten.
5. Teig zu einem Strang ausrollen, in 12–15 Stücke schneiden, rund formen, in die Auflaufform geben und abgedeckt weitere 45 Minuten gehen lassen.
6. Währenddessen Backofen auf 180 °C Ober-/Unterhitze (160 °C Umluft) vorheizen.
7. Eigelb mit Milch verquirlen und die Brötchen damit bestreichen.
8. Für die Streusel alle Zutaten mit der Hand zu Streuseln verkrümeln und gleichmäßig auf die Brötchen verteilen.
9. Bulotschki ca. 30–35 Minuten goldbraun backen.

Tipp:

Ihr könnt in der Mitte des Brötchens ein Karamellbonbon verstecken.

Pirozhnoje »Leningradskoje« – Törtchen aus Leningrad

Für 8 Stück
ca. 1 Std. 20 Min.

Für die Creme:
1 Ei
90 g Zucker
20 g Speisestärke
250 ml Milch
75 g Butter
100 g Schlagsahne

Für den Brandteig:
120 ml Milch
120 ml Wasser
50 g Butter
1 Prise Salz
150 g Mehl + etwas mehr für die Arbeitsfläche
3 Eier

1 Rolle Blätterteig à 275 g
Puderzucker zum Servieren

1. Für die Creme Ei, Zucker und Speisestärke in einem kleinen Topf mit dem Schneebesen vermischen. Milch hinzugeben und bei mittlerer Hitze kochen, bis die Creme fest wird.
2. Butter hinzugeben und mit dem Schneebesen vermischen.
3. In eine Schüssel umfüllen, mit Frischhaltefolie abdecken (sie muss die Creme komplett bedecken) und abkühlen lassen.
4. Für den Brandteig Milch, Wasser, Butter und Salz in einen Topf geben und aufkochen.
5. Das Mehl in einem Rutsch hinzugeben und mit einem Kochlöffel zu einem glatten Teigkloß verrühren, dann etwa 1 Minute unter ständigem Rühren erhitzen (abbrennen) und in eine große Schüssel geben.
6. Eier nacheinander mit dem Mixer (Knethaken) auf höchster Stufe unter den Teig arbeiten.
7. Blätterteig auf eine bemehlte Arbeitsfläche geben, etwas ausrollen und in acht Quadrate teilen.
8. Je einen gehäuften Esslöffel Brandteig in die Mitte jedes Quadrats geben, die Ecken des Quadrats zur Mitte führen und über den Brandteig legen.
9. Backofen auf 190 °C Ober-/Unterhitze (170 °C Umluft) vorheizen und Pirozhnoje ca. 40–45 Minuten goldbraun backen.

10. Währenddessen Schlagsahne für die Creme steif schlagen und unter die abgekühlte Creme unterheben.
11. Die Creme in eine Spritztüte mit einer Spritztülle geben und Pirozhnoje mit der Creme befüllen.
12. Mit Puderzucker bestreut servieren.

Tipp:

Backofen während der Backzeit nicht öffnen!

Kurabje – Spritzgebäck

Für ca. 50 Stück
ca. 30 Min.

200 g Butter (Zimmertemperatur)
100 g Puderzucker
1 Pk. Vanillezucker
2 Eiweiß
ca. 300 g Mehl
ca. 75 g feste Konfitüre nach Geschmack

1. Butter, Puderzucker und Vanillezucker in einer Rührschüssel mit dem Mixer verrühren. Eiweiße hinzugeben und gut mit dem Mixer verrühren.
2. Mehl portionsweise in die Rührschüssel sieben und mit dem Mixer verrühren.
3. Backofen auf 200 °C Ober-/Unterhitze (180 °C Umluft) vorheizen und Backblech mit Backpapier auslegen.
4. Teigmasse in eine Spritztüte mit einer mittelgroßen Sterntülle geben, die Plätzchen auf das Backpapier spritzen.
5. In die Mitte des Plätzchens mit einem Finger Vertiefungen machen. Finger dabei mit Wasser befeuchten.
6. Konfitüre in die Vertiefungen, am besten mit einer Garnierspritze, geben.
7. Kurabje ca. 10–12 Minuten backen.

Kissel – Mehlspeise

Für 3–4 Portionen
ca. 35 Min.

300 g TK-Himbeeren
190 g Zucker
1900 ml Wasser
60 g Speisestärke

1. Himbeeren, Zucker und 1800 ml Wasser in einem Topf ca. 25 Minuten bei mittlerer Hitze kochen.
2. Währenddessen Stärke mit 100 ml Wasser glatt rühren.
3. Himbeer-Mischung durch ein feines Sieb in einen anderen Topf gießen und Himbeeren durch das Sieb streichen.
4. Speisestärke-Mischung unter ständigem Rühren hinzugeben, aufkochen und ca. 3 Minuten köcheln lassen, bis die Flüssigkeit etwas eindickt.

Tipp:
Kissel lauwarm genießen.

Jablotschnyj kompot – Kompott aus Äpfeln

Für 8-10 Portionen
ca. 35 Minuten + 1 Std. Ziehzeit

500 g Äpfel
2,5 l Wasser
100 g Zucker

1. Äpfel vierteln, entkernen und in Spalten schneiden.
2. Wasser und Äpfel in einem Topf aufkochen.
3. Zucker hinzugeben, gut vermischen und bei niedriger Hitze ca. 25 Minuten kochen. Anschließend ca. 1 Stunde ziehen lassen.
4. Kompot kühl genießen.

Pirogi i torty – Kuchen und Torten

Mannik – Grießkuchen

Für 14–16 Portionen
ca. 1 Std. 20 Min.

500 g Kefir
380 g Grieß
3 Eier
200 g Zucker
150 g Butter (Zimmertemperatur)
1 Pk. Backpulver
1 Prise Salz
Puderzucker zum Servieren

1. Kefir und Grieß in einer Schüssel vermischen und ca. 30 Minuten quellen lassen.
2. Währenddessen Eier und Zucker in einer Rührschüssel mit dem Mixer schaumig schlagen. Restliche Zutaten und den aufgequollenen Grieß hinzugeben und mit einem Mixer verrühren.
3. Backofen auf 180 °C Ober-/Unterhitze (160 °C Umluft) vorheizen und eine Springform einfetten (26 cm).
4. Teig in die vorbereitete Springform geben und ca. 40–45 Minuten goldbraun backen.
5. Mannik mit Puderzucker besiebt servieren.

Scharlotka – Apfelkuchen

Für 8–10 Personen
ca. 1 Std. 20 Min.

4 Eier
100 g Zucker
50 g Butter (Zimmertemperatur)
200 g Mehl
1 TL Backpulver
1 Prise Salz
3–4 säuerliche Äpfel
Puderzucker zum Servieren (optional)

1. Backofen auf 180 °C Ober-/Unterhitze (160 °C Umluft) vorheizen und eine Springform (22 cm) einfetten.
2. Eier und Zucker in einer Rührschüssel mit dem Mixer schaumig schlagen. Butter, Mehl, Backpulver und Salz hinzugeben und mit dem Mixer auf niedriger Stufe verrühren.
3. Äpfel vierteln, entkernen und in dünne Scheiben oder Würfel schneiden.
4. Die Hälfte der Äpfel in die vorbereite Springform geben, den Teig darüber verteilen und die restlichen Äpfel auf dem Teig verteilen.
5. Scharlotka ca. 50–60 Minuten goldbraun backen (eine Garprobe mit einem Holzstäbchen machen!).
6. Scharlotka mit Puderzucker besiebt servieren.

Tipp:
Scharlotka schmeckt am besten lauwarm.

Tertyj pirog – Streuselkuchen

Für 6–8 Personen
ca. 1 Std. 20 Min.

200 g Butter (Zimmertemperatur)
150 g Zucker
1 Pk. Vanillezucker
2 Eier
470 g Mehl + etwas mehr für die Arbeitsfläche
1 TL Backpulver
200 g Konfitüre (z. B. Himbeere)

1. Butter, Zucker, Vanillezucker und Eier in einer Rührschüssel mit dem Mixer verrühren.
2. Mehl zusammen mit Backpulver in die Rührschüssel sieben und zu einem Teig verkneten.
3. Teig auf eine leicht bemehlte Arbeitsfläche geben und etwas weiter kneten.
4. Teig in zwei Teile (⅓ und ⅔) teilen. Den kleineren Teil in eine Gefriertüte geben und für ca. 35 Minuten in das Gefrierfach geben.
5. Backofen auf 200 °C Ober-/Unterhitze (180 °C Umluft) vorheizen.
6. Den größeren Teil auf dem Backpapier rechteckig ausrollen und mit Konfitüre bestreichen.
7. Den kleineren Teil aus dem Gefrierfach nehmen und auf einer Reibe über die Konfitüre grob raspeln.
8. Pirog 25–30 Minuten goldgelb backen.

Korolewskaja watruschka – Streuselkuchen mit Quarkfüllung

Für ca. 16 Stück
1 Std. 20 Min.

Für den Teig:
300 g Mehl
½ Pk. Backpulver
200 g Butter (Zimmertemperatur)
100 g Zucker
1 Ei

Zusätzlich für die Streusel:
ca. 3 EL Mehl

Für die Füllung:
150 g Butter (Zimmertemperatur)
100 g Zucker
1 Pk. Vanillezucker
2 Eier
1 Pk. Vanillepudding
500 g Magerquark

1. Backofen auf 180 °C Ober-/Unterhitze (160 °C Umluft) vorheizen und eine Springform (26 cm) einfetten.
2. Mehl mit Backpulver in einer Rührschüssel mischen. Übrige Zutaten hinzufügen und alles mit einem Mixer zu Streuseln verarbeiten.
3. ⅔ der Streusel in der Springform zu einem glatten Boden andrücken und einen Rand hochziehen.
4. Die restlichen Streusel mit ca. 3 EL Mehl mit der Hand zu feinen Streuseln verarbeiten.
5. Für die Füllung Butter in einer Rührschüssel mit dem Mixer schaumig rühren. Die restlichen Zutaten hinzugeben und mit dem Mixer verrühren, bis eine homogene Masse entsteht.
6. Füllung auf dem Boden verstreichen und die restlichen Streusel darauf verteilen.
7. Korolewskaja watruschka ca. 60 Minuten backen und anschließend abkühlen lassen.

Sebra – Zebra-Kuchen

Für ca. 16 Stück
1 Std. 30 Min.

400 g Mehl
1 Pk. Backpulver
200 g Zucker
2 Pk. Vanillezucker
5 Eier
125 g Mineralwasser mit Kohlensäure
125 g Sonnenblumenöl
2 EL Backkakao
Öl für die Backform

1. Backofen auf 180 °C Ober-/Unterhitze (160 °C Umluft) vorheizen und eine Springform (26 cm) einfetten.
2. Mehl zusammen mit Backpulver in eine Rührschüssel sieben.
3. Übrige Zutaten – bis auf den Backkakao – hinzugeben und mit dem Mixer zu einem glatten Teig verrühren.
4. Teigmenge halbieren und unter eine Hälfte den Backkakao mischen.
5. Zunächst 2 EL hellen Teig in die Mitte der Springform geben. Jeweils direkt darauf 2 EL dunklen Teig geben. Auf diese Weise hellen und dunklen Teig immer abwechselnd direkt übereinander einfüllen.
6. Zebra ca. 50 Minuten backen.

Tipp:

Zebra mit Puderzucker bestreuen.

Napoleon – Russische Schichttorte

Für 14–16 Portionen
ca. 3 Std. 30 Min. +
6–8 Std. Kühlzeit

Für den Teig:
650 g Mehl + etwas mehr
für die Arbeitsfläche
400 g Butter (kalt)
2 Eier
150 g kaltes Wasser
5 g Essig (5 %)

Für die Creme:
3 Eier
280 g Zucker
1 Pk. Vanillezucker
80 g Speisestärke
900 g Milch (1,5 % Fett)
150 g Butter
(Zimmertemperatur)

1. Für den Teig Mehl in eine Rührschüssel geben. Kalte Butter auf einer Reibe in die Schüssel grob raspeln und mit den Händen zu Streuseln verarbeiten. In der Mitte eine Mulde formen, Eier, Wasser und Essig hinzugeben und mit den Händen zu einem Teig verkneten.
2. Teig auf eine bemehlte Arbeitsfläche geben und etwas von Hand weiter kneten. Gegebenenfalls etwas mehr Mehl zugeben. Teig zu einem Strang ausrollen, in 8–12 Stücke (je nach gewünschter Größe) schneiden, zu Kugeln formen, auf einen gut bemehlten Teller geben, mit Frischhaltefolie bedecken und für ca. 1 Stunde ins Gefrierfach geben.
3. Für die Creme Eier, Zucker, Vanillezucker und Speisestärke in einem Topf mit einem Schneebesen vermischen.
4. Milch hinzugeben und bei mittlerer Hitze kochen, bis die Creme eingedickt ist. Butter hinzugeben, gut vermischen, in eine Schüssel umfüllen, mit Frischhaltefolie abdecken (sie muss die Creme komplett bedecken) und abkühlen lassen.
5. Backofen auf 180 °C Umluft vorheizen und zwei Backbleche mit Backpapier auslegen.
6. Die einzelnen Kugeln aus dem Gefrierfach nehmen und dünn ausrollen. Die Teigschichten müssen ca. 2–3 cm größer sein als die gewünschte Tortengröße.
7. Teigschichten mit einer Gabel einstechen und ca. 7–10 Minuten goldgelb backen (jeweils 2 Teigschichten gleichzeitig).
8. Teigschichten z. B. mithilfe eines großen Tellers auf die gewünschte Tortengröße schneiden. Teigreste in eine große Schüssel geben und mit den Händen zerbröseln.

9. Napoleon zusammenbauen: 1 EL Creme auf die gewünschte Tortenunterlage geben, Teigschicht darüber geben, 2–3 EL Creme darauf verteilen und die nächste Teigschicht darüber geben. Diese Schritte wiederholen, bis Napoleon zusammengebaut ist. Anschließend Napoleon von oben und von den Seiten mit der Creme bestreichen.
10. Napoleon von allen Seiten mit Krümeln bestreuen und für ca. 6–8 Stunden kalt stellen.

Tipp:

Napoleon am besten über die Nacht durchziehen lassen.

Sollte die Creme noch flüssig sein, etwas mehr Speisestärke hinzugeben und wenige Minuten weiter kochen.

Medovik – Russische Honigtorte

Für 8–10 Portionen
ca. 2 Std. +
8–10 Std. Kühlzeit

Für den Teig:
2 Eier
220 g Zucker
100 g Butter (Zimmertemperatur)
2 EL Honig (flüssig)
1 Pk. Natron à 5 g
500 g Mehl + etwas mehr für die Arbeitsfläche

Für die Creme:
1 Ei
170 g Zucker
1 Pk. Vanillezucker
30 g Speisestärke
400 ml Milch (1,5 % Fett)
100 g Butter
200 g Schlagsahne (kalt)

1. Für den Teig Eier und Zucker in einem kleinen Topf vermischen. Honig und Butter hinzugeben, vermischen und bei mittlerer Hitze erwärmen, bis der Zucker sich aufgelöst hat. In eine Rührschüssel umfüllen und etwas abkühlen lassen.
2. Mehl und Natron in die Rührschüssel sieben und zu einem Teig verkneten.
3. Teig auf eine bemehlte Arbeitsfläche geben und weiter kneten, bis er nicht mehr an den Händen kleben bleibt (gegebenenfalls mehr Mehl hinzugeben).
4. Teig zu einem Strang ausrollen, in 8–10 Stücke schneiden, zu Kugeln formen, auf einen gut bemehlten Teller geben, mit Frischhaltefolie bedecken und für ca. 1 Stunde in den Kühlschrank stellen.
5. Für die Creme Ei, Zucker, Vanillezucker und Speisestärke in einem Topf mit einem Schneebesen vermischen.
6. Milch hinzugeben und bei mittlerer Hitze kochen, bis die Creme eingedickt ist. Butter hinzugeben, gut vermischen, in eine Schüssel umfüllen, mit Frischhaltefolie abdecken (sie muss die Creme komplett bedecken) und abkühlen lassen.
7. Backofen auf 170 °C Umluft vorheizen.
8. Die einzelnen Kugeln direkt auf leicht bemehltem Backpapier dünn ausrollen und z. B. mithilfe eines Tellers auf die gewünschte Tortengröße zuschneiden und mit einer Gabel einstechen. Teigreste ebenfalls auf dem Backpapier lassen.
9. Teigschichten und Teigreste ca. 5–7 Minuten goldbraun backen (jeweils zwei Teigschichten gleichzeitig), kurz abkühlen lassen und vorsichtig vom Backpapier abziehen. Teigreste in eine Schüssel geben.

Tipp:
Medovik am besten über die Nacht durchziehen lassen.

10. Währenddessen für die Creme Schlagsahne mit dem Mixer steif schlagen. Abgekühlte Creme hinzugeben und mit dem Mixer verrühren.

11. Teigreste mit den Händen oder in einem Blender zerbröseln.

12. Medovik zusammenbauen: 1 EL Creme auf die gewünschte Tortenunterlage geben, Teigschicht darübergeben, 2–3 EL Creme darauf verteilen und die nächste Teigschicht darübergeben. Diese Schritte wiederholen, bis Medovik zusammengebaut ist. Anschließend Medovik von oben und an den Seiten mit der Creme bestreichen.

13. Medovik von allen Seiten mit Krümeln bestreuen und für ca. 8–10 Stunden kalt stellen.

Blinnyj tort – Pfannkuchentorte

Für 16 Stücke
ca. 1 Std. 30 Min. + 8 Std. Kühlzeit

Für die Teigschichten:
700 ml Milch
300 ml Mineralwasser mit Kohlensäure
4 Eier
80 g Zucker
1 TL Salz
310 g Mehl
50 g Backkakao
2 TL Backpulver
4 EL Sonnenblumenöl + etwas mehr zum Braten

Für die Creme:
500 g Frischkäse
220 g Puderzucker
400 g Schlagsahne (ab 30 % Fett)

Für den Schokoladenguss:
70 g Zucker
30 ml Milch
25 g Backkakao
40 g Butter

1. Milch, Mineralwasser, Eier, Zucker und Salz in einer großen Schüssel mit dem Schneebesen verrühren. Mehl, Backkakao und Backpulver in die Schüssel sieben und mit dem Schneebesen verrühren. Öl hinzugeben und mit dem Schneebesen verrühren.
2. Teig ca. 15 Minuten quellen lassen.
3. Währenddessen die Pfanne mit etwas Sonnenblumenöl bepinseln und bei mittlerer Hitze erwärmen.
4. Eine kleine Schöpfkelle voll Teig in die Pfanne gießen, die Pfanne schwenken und Pfannkuchen von beiden Seiten backen.
5. Währenddessen Frischkäse und Puderzucker in einer Rührschüssel mit dem Mixer aufschlagen. In einer anderen Schüssel Schlagsahne mit dem Mixer steif schlagen und unter die Frischkäse-Masse unterheben.
6. Blinnyj tort zusammenbauen: 1 EL Creme auf die gewünschte Tortenunterlage geben, Pfannkuchen darübergeben, 1–2 EL Creme darauf verteilen und den nächsten Pfannkuchen darübergeben. Diese Schritte wiederholen, bis die Torte zusammengebaut ist. Die Torte an den Seiten mit der Creme bestreichen. Die obere Schicht bleibt frei von Creme.
7. Torte für ca. 30 Minuten kalt stellen.
8. Für den Schokoladenguss Zucker, Milch und Backkakao in einem kleinen Topf vermischen, aufkochen lassen und anschließend bei mittlerer Hitze ca. 3 Minuten kochen. Butter hinzugeben und vermischen, bis die Butter geschmolzen ist. Anschließend etwas abkühlen lassen.

9. Torte mit dem Schokoladenguss oben und an den Seiten bestreichen.
10. Blinnyj tort für ca. 8 Stunden kalt stellen.

Tipp:

Eine beschichtete Pfanne muss nur vor dem Backen des ersten Pfannkuchens mit Öl bepinselt werden.

Ptitschje moloko – Torte »Vogelmilch«

Für 16 Stück
ca. 1 Std. 10 Min. + 4–6 Std. Kühlzeit

Für die Füllung:
3 Eigelb
280 g Zucker (aufgeteilt)
1 Pk. Vanillezucker
40 g Speisestärke
500 ml Milch
250 g Butter (Zimmertemperatur)
3 Pk. gemahlene Gelatine à 9 g
8 Eiweiß
Etwas Salz

Für den Teig:
3 Eier
90 g Zucker
90 g Mehl
½ TL Backpulver

Für den Schokoladenguss:
70 g Zucker
30 ml Milch
25 g Backkakao
40 g Butter

1. Für die Füllung 3 Eigelbe, 100 g Zucker, Vanillezucker und Speisestärke in einem Topf mit einem Schneebesen vermischen. Milch hinzugeben und bei mittlerer Hitze kochen, bis die Creme eingedickt ist. Butter hinzugeben, gut vermischen, in eine große Schüssel umfüllen, mit Frischhaltefolie abdecken (sie muss die Creme komplett bedecken) und abkühlen lassen.
2. Backofen auf 180 °C Ober-/Unterhitze vorheizen. Boden einer Springform mit Backpapier auslegen, Rand nicht fetten.
3. Für den Teig Eier und Zucker in einer Rührschussel mit dem Mixer auf höchster Stufe schaumig schlagen.
4. Mehl und Backpulver in die Rührschüssel hinzugeben und mit einem Spatel unterheben.
5. Teig in die Springform geben, 20 Minuten backen, in der Form abkühlen lassen und anschließend einmal waagerecht durchschneiden.
6. Gelatine nach Packungsanweisung vorbereiten.
7. Für die Füllung 8 Eiweiße und Salz in einer Rührschüssel mit dem Mixer schaumig schlagen. Die restlichen 180 g Zucker hinzugeben und mit dem Mixer steif schlagen. Die Eiweißmasse in die große Schüssel zur Puddingmasse zugeben.
8. Gelatine in einem kleinen Topf unter ständigem Rühren bei schwacher Hitze auflösen und etwas abkühlen lassen. Gelatine ebenfalls in die große Schüssel hinzugeben und alles langsam vermischen.

9. Eine Teighälfte in die Springform geben, die Füllung darüber geben, mit der zweiten Teighälfte bedecken und für 4–6 Stunden kalt stellen, bis die Füllung fest wird.
10. Für den Schokoladenguss Zucker, Milch und Backkakao in einem kleinen Topf vermischen, aufkochen lassen und anschließend bei mittlerer Hitze ca. 3 Minuten kochen. Butter hinzugeben und vermischen, bis die Butter geschmolzen ist. Anschließend etwas abkühlen lassen.
11. Torte mit dem Schokoladenguss oben und gegebenenfalls an den Seiten bestreichen.

Tscherepaha – Schildkrötentorte

Für 12–16 Stück
ca. 1 Std. + 2 Std. Kühlzeit

Für den Teig:
6 Eier
300 g Zucker
470 g Mehl
1 EL Backpulver
1 Prise Salz

Für die Creme:
800 g Crème fraîche (kalt)
230 g Puderzucker

Für den Schokoladenguss:
100 g Zartbitterschokolade
110 ml Schlagsahne (ab 30 % Fett)
2 EL Puderzucker
35 g Butter (Zimmertemperatur)

1. Backofen auf 190 °C Ober-/Unterhitze vorheizen und Backblech mit Backpapier auslegen.
2. Für den Teig Eier und Zucker in einer Rührschüssel mit dem Mixer auf höchster Stufe schaumig schlagen.
3. Mehl, Backpulver und Salz in die Rührschüssel hinzugeben und mit einem Mixer auf niedrigster Stufe vermischen.
4. Je einen gehäuften TL Teig auf das Backblech in einem ausreichenden Abstand verteilen, Plätzchen ca. 7–9 Minuten backen und anschließend gut abkühlen lassen.
5. Für die Creme Puderzucker und Crème fraîche in einer Rührschüssel mit dem Mixer verrühren, bis die Creme fester wird (ca. 7 Minuten).
6. Plätzchen in die Creme eintunken und in Form einer Schildkröte zusammenlegen. Sechs Plätzchen für Kopf, Füße und Schwanz beiseitelegen.
7. Torte für ca. 2 Stunden in den Kühlschrank stellen, bis die Creme fest wird.
8. Für den Schokoladenguss Schokolade grob zerkleinern und in eine kleine Schüssel füllen.
9. Schlagsahne und Puderzucker in einem kleinen Topf vermischen, aufkochen lassen und vom Herd nehmen.
10. Heiße Schlagsahne über die Schokolade gießen, 2–3 Minuten ruhen lassen und anschließend mit einem Schneebesen verrühren. Butter hinzugeben und gut verrühren.
11. Schokoladenguss auf der Tscherepaha verstreichen und fest werden lassen.

Smetannik – Schmandtorte

Für 12–16 Stück
ca. 1 Std. 30 Min. +
6 Std. Kühlzeit

Für die hellen Teigschichten:
2 Eier
140 g Zucker
1 Pk. Vanillezucker
1 Prise Salz
100 Butter (Zimmertemperatur)
170 g Schmand
225 g Mehl
10 g Backpulver

Für die dunklen Teigschichten:
2 Eier
140 g Zucker
1 Pk. Vanillezucker
1 Prise Salz
100 g Butter (Zimmertemperatur)
170 g Schmand
155 g Mehl
70 g Backkakao
10 g Backpulver

Für die Creme:
600 g Schmand, kalt
160 g Puderzucker

1. Backofen auf 180 °C Ober-/Unterhitze vorheizen, 2 Springformen (24 cm) mit Backpapier auslegen und die Ränder einfetten.
2. Für die hellen Teigschichten Eier, Zucker, Vanillezucker und Salz in einer Rührschüssel mit dem Mixer schaumig schlagen. Butter hinzugeben und mit dem Mixer verrühren. Schmand hinzugeben und mit dem Mixer verrühren. Mehl und Backpulver in die Rührschüssel durchsieben und mit einem Spatel unterheben.
3. Den hellen Teig in die Springform geben, ca. 30 Minuten backen (Garprobe mit einem Holzstäbchen) und gut abkühlen lassen.
4. Für die dunklen Teigschichten Eier, Zucker, Vanillezucker, Salz in einer Rührschüssel mit dem Mixer schaumig schlagen. Butter hinzugeben und mit dem Mixer verrühren. Schmand hinzugeben und mit dem Mixer verrühren. Mehl, Backkakao und Backpulver in die Rührschüssel durchsieben und mit einem Spatel unterheben.
5. Den dunklen Teig in eine Springform geben, ca. 30 Minuten backen (Garprobe mit einem Holzstäbchen) und gut abkühlen lassen.
6. Die einzelnen Teigschichten wie folgt aufteilen: Die jeweils obere Teigerhöhung abschneiden und zur Seite stellen. Die Teigschichten sodann jeweils in zwei Tortenböden schneiden.
7. Aus den Teigresten mit den Händen Krümel machen (hell und dunkel separat).
8. Alle Zutaten für die Creme mit einem Mixer verrühren, bis die Creme fester wird (ca. 7–10 Minuten).

9. Smetannik wie folgt zusammenbauen: Dunkle Teigschicht auf die gewünschte Tortenunterlage geben, 3–4 gehäufte EL Creme darauf verteilen und die helle Teigschicht darüber geben. Diese Schritte wiederholen, bis Smetannik zusammengebaut ist. Anschließend Smetannik von oben und von den Seiten mit der restlichen Creme bestreichen.

10. Smetannik mit den hellen und dunklen Krümeln verzieren und für ca. 6 Stunden kalt stellen (am besten über Nacht). Smetannik ca. 1 Stunde vor dem Servieren aus dem Kühlschrank nehmen.

Biskwitnyj rulet – Biskuitrolle mit Erdbeeren

Für 12–16 Stück
ca. 40 Min. +
3 Std. Kühlzeit

Für den Teig:
5 Eier, getrennt
1 Prise Salz
75 g Zucker
1 Pk. Vanillezucker
70 g Mehl
30 g Speisestärke
1 TL Backpulver

Für die Creme:
100 g Butter (Zimmertemperatur)
150 ml gezuckerte Kondensmilch
300 g Magerquark

300 g Erdbeeren

1. Backofen auf 200 °C Ober-/Unterhitze vorheizen und ein Backblech mit Backpapier auslegen.
2. Eiweiße mit einer Prise Salz in einer Rührschüssel mit dem Mixer steif schlagen.
3. Eigelbe, Zucker und Vanillezucker in einer weiteren Rührschüssel mit dem Mixer auf höchster Stufe schaumig schlagen.
4. Mehl, Speisestärke und Backpulver in die Rührschüssel sieben und mit dem Mixer auf niedrigster Stufe unterrühren.
5. Eiweiße vorsichtig unterheben.
6. Teig auf das Backblech geben, gut verteilen und ca. 15 Minuten backen. Den Biskuit anschließend abkühlen lassen.
7. Für die Creme Butter und gezuckerte Kondensmilch mit dem Mixer in einer Schüssel verrühren. Magerquark hinzugeben und mit dem Mixer verrühren.
8. Erdbeeren in Scheiben schneiden (3 Erdbeeren zum Dekorieren übrig lassen).
9. ⅔ der Creme auf den Biskuit streichen, mit Erdbeeren belegen, aufrollen und für ca. 3 Stunden in den Kühlschrank geben.
10. Die restliche Creme in einen Spritzbeutel geben und ebenfalls in den Kühlschrank geben.
11. Vor dem Servieren die Biskuitrolle mit der restlichen Creme und den restlichen Erdbeeren verzieren.

Tipp:
Biskwitnyj rulet mit Puderzucker bestäuben. Ihr könnt selbstverständlich auch anderes Obst benutzen.

Register

K

L

M

N

P

R

Bibliografische Information der Deutschen Nationalbibliothek
Die Deutsche Nationalbibliothek verzeichnet diese Publikation in der Deutschen Nationalbibliografie. Detaillierte bibliografische Daten sind im Internet über https://dnb.de abrufbar.

Für Fragen und Anregungen
info@m-vg.de

Wichtiger Hinweis
Ausschließlich zum Zweck der besseren Lesbarkeit wurde auf eine genderspezifische Schreibweise sowie eine Mehrfachbezeichnung verzichtet. Alle personenbezogenen Bezeichnungen sind somit geschlechtsneutral zu verstehen.

Originalausgabe
6. Auflage 2026

Türkenstraße 89
80799 München
Tel.: 089 651285-0

Redaktion: Bettina Peters
Umschlaggestaltung: Pamela Machleidt, Sonja Vallant
Umschlagabbildung: Shutterstock/ j.chizhe
Bildnachweis: S. 8: Shutterstock/Fascinadora; S. 26: Shutterstock/Julia Mikhaylova; S. 58: Shutterstock/Subbotina Anna; S. 80: Shutterstock/ j.chizhe; S. 146: Shutterstock/ Elenglush; S. 194: Shutterstock/zygonema. Alle anderen Bilder: © Anna Matershev und Lena Kruglova
Satz: inpunkt[w]o, Haiger (www.inpunktwo.de)
Druck: Balto Print UAB, Litauen
Printed in the EU

ISBN Print 978-3-7423-1080-4
ISBN E-Book (PDF) 978-3-7453-0706-1
ISBN E-Book (EPUB, Mobi) 978-3-7453-0707-8

PRODUZIERT MIT VERANTWORTUNG

Weitere Informationen zum Verlag finden Sie unter
www.rivaverlag.de
Beachten Sie auch unsere weiteren Verlage unter www.m-vg.de